Künzig Shamar Rinpoche

Buddhistische Sichtweisen und die Praxis der Meditation

Künzig Shamar Rinpoche

Buddhistische Sichtweisen und die Praxis der Meditation

Teil 1 und 2 dieses Buches wurden von
Lama Rinchen aus dem Tibetischen
ins Englische übersetzt,
Teil 3 hat Shamar Rinpoche selbst
auf Englisch dargelegt.

Übersetzung ins Deutsche:
Öser Bünker unter Mitarbeit
von Edith Steinbach

JOY
VERLAG

Bibliografische Information Der Deutschen Bibliothek
Die Deutsche Bibliothek verzeichnet diese Publikation in der Deutschen Nationalbibliografie; detaillierte bibliografische Daten sind im Internet über http://dnb.ddb.de abrufbar.

1. Auflage 2007

ISBN 978-3-928554-65-7

Umschlaggestaltung: Kuhn Grafik, Zürich
Satz und Gestaltung: Michael Epperlein, Biberach a. d. Riß
Redaktion: Öser Bünker
Druck: Legoprint S. P. A., Lavis (TN)

Gesetzt aus der Minion 11,5 Punkt

Printed in Italy

Inhalt

Getäuschter Geist und Weisheitsgeist

Einführung

Alles, worüber wir uns in irgendeiner Weise Wissen aneignen können, kann ganz allgemein in drei Kategorien aufgeteilt werden:

- in die unbelebte materielle Welt
- in die unbelebte immaterielle Welt
- in die Welt des Bewusstseins

Da alles Glück und Leid, das fühlende Wesen erleben, mit Bewusstsein zu tun hat, betrifft uns die dritte Kategorie am meisten.

Bewusstsein kann sich auf zweierlei Weise ausdrücken, abhängig davon, ob man verwirrt oder frei von Verwirrung ist. Im Geist eines gewöhnlichen Wesens ist das verwirrte dualistische Bewusstsein vorherrschend, während im Geist eines Buddha, eines erwachten Wesens, die von aller Verwirrung befreite ursprüngliche Weisheit verwirklicht ist. Diese beiden Zustände sind in ihrer Essenz vollkommen gleich, so wie zwei unterschiedliche Gesichtsausdrücke doch die Mimik ein und desselben Gesichts sind. Fragmentarisches Bewusstsein ist wie ein ärgerlich verzerrtes Gesicht, ursprüngliche Weisheit hingegen wie ein friedlich lächelndes Gesicht. Dieses Beispiel zeigt, dass nicht das Gesicht selbst, sondern nur seine Miene geändert werden muss. Helle die Miene der Verwirrung auf und das verwirrungsfreie Lächeln wird ganz von selbst aufscheinen.

Es ist wichtig, dass wir deutlich unterscheiden können zwischen einem verwirrten fragmentarischen Bewusstsein, das fehlerhaft und deshalb die Ursache all unserer Probleme ist, und dem von Verwirrung freien ursprünglichen Bewusstsein, das die Quelle aller guten Eigenschaften ist. Und genau damit wird sich diese Unterweisung befassen. Zuerst wird das fragmentarische, objektbezogene Bewusstsein behandelt, das in den gewöhnlichen, getäuschten Wesen wirksam ist und anschließend das ursprüngliche Bewusstsein eines Buddha.

Wer schuf die Welt?

Woher kommt das Leben?

Was ist die Ursache des Leids?

Wie können wir uns von der Ursache des Leids befreien und glücklich sein?

Solche Fragen haben sich nachdenkliche Menschen im Gegensatz zu solchen, die sich damit zufrieden geben unwissend zu bleiben, seit Menschheitsgedenken gestellt. Im Verlauf der Geschichte wurden unterschiedliche Antworten darauf gefunden, die in größerem oder geringerem Maße mit der wahren Seinsweise der Dinge, wie sie Buddha Shakyamuni dargelegt hat, übereinstimmen.

Nicht-buddhistisches Denken

Die nicht-theistische Annäherung

Im alten Indien gab es dreihundertsechzig unterschiedliche nicht-buddhistische Sichtweisen hinsichtlich der Ursache der Welt. Eine unter ihnen war die Samkhya Schule des Denkens, die behauptete, dass die Welt ein Teil des Wesens ihres Schöpfers ist. In der Anschauung der Samkhya Schule ist die Welt die Schöpfung eines schöpferischen Prinzips, das ein Gleichgewicht von Glück, Leid und Neutralität ist und fünf ihm eigene Charakteristika besitzt: es ist dauerhaft, einzig, ist keine leblose Materie, ist unsichtbar und hat eine ungehinderte Fähigkeit, Ausstrahlungen seiner selbst zu produzieren. Das schöpferische Prinzip ist die Ursache der Welt. Die Welt selbst ist Ausdruck oder Funktion dieses Prinzips und daher nicht getrennt von ihm. Aufgrund dieser Auffassung ist die Samkhya Schule ein Beispiel für die Art der Philosophie, welche die Welt als Teil ihres Schöpfers und als nicht verschieden von ihm betrachtet.

Am empfangenden Ende ist sozusagen das Selbst (oder die Wesenheit), welches die Welt erfährt und gänzlich anders als das Prinzip selber ist. Für alle Lebewesen gibt es nur ein Selbst. Von diesem Selbst wird gesagt, es sei wie ein zweiseitiger Spiegel, dessen eine Seite nach außen gewandt ist und die vom Prinzip ausgestrahlten Erscheinungsformen reflektiert. Das Selbst wird von diesen Erscheinungsformen abgelenkt, hält sie für wirklich, gerät unter ihren Einfluss und wird als Folge von ihnen getäuscht. Die vom Prinzip ausgesandten Ausstrahlungen führen das Selbst in einen Zustand der Verwirrung, der zu Leid führt. Fern davon mitfühlend zu sein, schadet also das Prinzip tatsächlich dem Selbst.

Darum wird dem Samkhya Schüler geraten, seine Aufmerksamkeit nach innen zu lenken und angesichts der vom betrügerischen Prinzip vorgegaukelten Erscheinungen unzerstreut zu bleiben. Gelingt ihm dies, dann ist dem Prinzip, wie sehr es auch versuchen mag das Selbst zu täuschen, kein Erfolg beschert. Folglich ist die hauptsächliche Praxis dieser Schule eine Meditation, die der buddhistischen Meditation der Geistesruhe sehr ähnelt und ähnliche Resultate bringt: Der Geist wird, so wie er sich aus seiner Verwicklung in die Zerstreuungen der Außenwelt zurückzieht, friedvoll und gesammelt. Dieser glückliche Zustand, heißt es, entsteht daraus, dass das Prinzip sozusagen in Verlegenheit gerät: Nicht nur wird der Geist des Schülers beruhigt, sondern das Prinzip wird dazu gebracht, die von ihm ausgestrahlte Welt wieder zu absorbieren, woraufhin das Selbst von seiner Täuschung befreit ist.

Nicht nur in der Meditation, sondern in ihrem gesamten Lebensstil sind die Samkhya Anhänger darauf ausgerichtet, den Einfluss des Prinzips zu verringern und schließlich zu vernichten. Anhaftung gewähren zu lassen ist gleichbedeutend damit, der Macht des Prinzips weiterhin zu unterliegen, und deshalb wird Nachdruck auf Entsagung als einziges Mittel zur Befreiung gelegt. Der Samkhya Schüler wird mit so wenig Essen und Trinken wie möglich auskommen, und immer von geringster Qualität, wird er wenige oder keine Kleider tragen (oft werden sie die Nackten genannt) und keine feste Bleibe haben.

Die Samkhya Philosophie hat viele Schwächen. Sie muss allein durch blinden Glauben akzeptiert werden. Viele Fragen bleiben offen: Woher kommt das Prinzip? Warum gibt es nur ein Selbst oder eine Wesenheit für alle Lebewesen? Wenn es nur ein Selbst gibt und ein Wesen nun Befreiung erlangt, wie kommt es dann, dass nicht gleichzeitig mit ihm das gesamte Selbst bzw. alle Lebewesen auch befreit werden? Und so fort. Trotz dieser Einwände war die Samkhya Sichtweise von allen zur Zeit Buddha Shakyamunis geläufigen Anschauungen die beste. Warum? Weil sie erkannte, dass es keine Befreiung gibt, solange das Selbst noch von Zerstreuung beherrscht wird, und dass man, will man die Zerstreuung auflösen, meditieren muss, damit die Verwicklung des Geistes mit der Außenwelt geringer wird. Was die Thematik des Geistes angeht, hatten die Samkhyas mehr Einsicht als die übrigen philosophischen Schulen im Indien jener Zeit.

Theistische Formen des Glaubens

Eine andere Form von Philosophie ist der theistische Glaube, der annimmt, dass die Welt von einem Schöpfergott geschaffen wird. Viele der indischen Anschauungen jener Zeit fallen unter diese Kategorie. Wir wollen hier die Anschauungen der Anbeter des Ishvara detaillierter untersuchen. Dies wird als allgemeines Modell für alle Formen von Theismus dienen.

Von Ishvara sagt man, dass er acht Eigenschaften besitzt: er ist einzig, beständig, beweglich, göttlich, verehrungswürdig, rein, Schöpfer, sowie frei und unabhängig. Der Besitz dieser acht Eigenschaften qualifiziert ihn zu einem Höchsten Wesen. Die Welt, die er schafft, ist nicht wie im Samkhya System Teil seines Seins oder Funktionierens, sondern seine Schöpfung ist und bleibt gänzlich anders als er selbst, obgleich er Einfluss darauf hat. Er verfügt zum Beispiel über die Macht, jene die ihm gefällig sind und seinen Willen tun, in den Himmel oder ins Paradies und jene, die ihm nicht gehorchen oder nicht gefällig sind, in die Hölle zu schicken.

Die hauptsächlichen Übungen der Ishvariten bestehen aus Feueropfer und anderen Opferungen, um ihren Gott günstig zu stimmen, sowie Meditation auf die visualisierte Form von Ishvara und verschiedene yogische Übungen.

Wie die Samkhya Sicht muss man die Ishvaritische Auffassung mit dem blinden Glauben allein annehmen und viele Fragen bleiben unbeantwortet. Der größte Makel in dieser Art Philosophie ist, dass nicht erklärt wird, wo der Schöpfer selbst herkommt. Man könnte auch folgende Einwände zu den dem Schöpfer zugeschriebenen Eigenschaften machen. Es wird von ihm behauptet, dass er beständig und zur selben Zeit beweglich ist, doch dies sind zwei sich gegenseitig ausschließende Eigenschaften, da ja Bewegung Wandel beinhaltet. Dann wird seine Reinheit definiert als die Quintessenz von liebender Güte und Mitgefühl, doch da er die Macht hat und diese auch anwendet, Wesen die ihm nicht gefällig sind, zur Hölle zu senden, so scheint dies doch mit den im Begriff Reinheit einhergehenden Vorstellungen nicht zusammen zu gehen. Dies sind nur einige Einwände, die erhoben werden können, und dieselben Zweifel kann man auch bei anderen Anschauungen anmelden, die auf der Vorstellung eines Schöpfergottes beruhen.

Den eigentlichen Punkt verfehlen

Die Samkhya Schule und die Schulen, die an einen Schöpfergott glauben, verfehlen es beide zu sehen, dass an der Wurzel des Daseinskreislaufes und seines Leides das Haften an einer Vorstellung des Ich steht. Da sie die Ursache des Leides nicht verstehen, sind sie auch nicht imstande, es aufzulösen. Selbst wenn einige ihrer Übungen – die stille Meditation der Samkhyas und die Visualisationen der Schöpfergott Traditionen – den im Buddhismus angewandten Methoden gleichen, können ihre Methoden wegen ihrer zugrundeliegenden fehlerhaften Sicht nicht erfolgreich sein. Sie haben den Punkt verfehlt.

Dies kann auch tantrischen Buddhisten passieren. Jemand, der die Praxis der Visualisation durchführt, ohne zu erkennen, dass die visualisierte Form gleichzeitig leer von jeglichem wirklichen Wesen oder jeglicher wirklicher Existenz ist, macht denselben Fehler wie der theistische Praktizierende. Im Tantra sollte die Entstehungsphase einer Visualisation immer mit der Vollendungsphase verbunden sein, das heißt eine Visualisation sollte immer ein Verständnis von

Leerheit beinhalten, der Vollkommenheit der Weisheit. Der Meditierende, der nicht die Kernpunkte der Vollendungsphase verstanden hat und sich selbst einfach auf die Entstehungsphase beschränkt, praktiziert wie ein Ishvarite. In seinem Werk *Bodhicharyavatara* sagt Shantideva, dass die tantrischen Übungen zum selben Resultat wie die obigen Anschauungen führen, wenn man nicht die Mutter, das heißt Leerheit oder allüberschreitende Weisheit, erkennt.

Der nihilistische Standpunkt

Eine weitere Form von Glauben ist der Nihilismus, der alle Anschauungen über eine Ursache der Welt verwirft. Seine Anhänger sagen: »Die Sonne geht auf, Flüsse fließen bergab, Erbsen sind rund, Dornen sind spitz, das Auge in der Pfauenfeder ist wunderschön; dies und alles in der Welt wurde von niemanden gemacht, sondern erscheint ganz von selbst so.« Solch eine Haltung verneint völlig die Vorstellung von Ursache und Wirkung und zukünftigen Leben, und ist folglich ganz und gar amoralisch, da Handlungen, ob gut oder schlecht, ihrer Ansicht nach keine Konsequenzen haben.

Diese Anschauung ist die unintelligenteste von allen und kann leicht widerlegt werden, indem man das Wirken von Ursache und Wirkung in der Welt betrachtet. Gäbe es nicht solch ein Gesetz, wäre alles völlig willkürlich. Man könnte Weizen pflanzen und Gerste ernten, Menschen könnten Tiere gebären und so fort. Da dies offensichtlich nicht der Fall ist, kann der Standpunkt jener, die der Ursachenlosigkeit anhängen und alle Theorien weit von sich weisen, leicht widerlegt werden.

Alle oben genannten Sichtweisen entsprechen nach buddhistischer Auffassung nicht der wahren Natur der Wirklichkeit. Keine von ihnen befähigt ihre Anhänger das Leid des Daseinskreislaufs aufzugeben, einfach aus dem Grunde, weil sie trotz ihrer verschiedenen Theorien nicht die ihm zugrundeliegende Ursache kennen.

Buddhistisches Denken

Im Gegensatz zu den oben beschriebenen Anschauungen erkennen die buddhistischen Schulen des Denkens, dass Unwissenheit und Ichanhaftung den Daseinskreislauf verursachen und fortsetzen und dass die Befreiung von solch einem Dasein die Auflösung des emotional gestörten Geistes beinhaltet. Es gibt vier Hauptschulen buddhistischen Denkens, die unterschiedlich hoch geschätzt werden. Sie alle bieten zwar die Mittel zur Befreiung vom Daseinskreislauf, aber nicht alle von ihnen haben die nötige Weite, um den Schüler zur vollen Buddhaschaft, die in jeder Hinsicht vollkommen ist, führen zu können.

Hinayana Sichtweisen

Die Vaibhasikas

Wir wollen unsere Untersuchung der buddhistischen philosophischen Schulen mit einem Blick auf die Sichtweise der Vaibhasikas beginnen. Diese Schule lehrt, dass alle grobstofflichen Formen, auf die wir treffen, nur in einem relativen Sinn wirklich sind, ihre letztendliche Wirklichkeit aber aus unteilbaren Partikeln besteht, aus Atomen im ursprünglichen Sinne des Wortes, die in ihrer Kombination die unterschiedlichen Elemente Erde, Wasser, Feuer, Luft und

Raum bilden. Diese Teilchen existieren, sind aber nicht das Produkt einer Schöpfung.

Die Vaibhasikas behaupten auch, dass es zusätzlich zu den unteilbaren Atomen als letztendliche Wirklichkeit der grobstofflichen äußeren Welt den kleinsten unteilbaren Bewusstseinsmoment gibt, welcher die letztendliche Wirklichkeit des Geistes innen verkörpert. Diese Bewusstseinsmomente sind wirklich, wohingegen der Geist selber keine dauerhafte Wirklichkeit besitzt, da der Geist der Vergangenheit bereits vorüber und der Geist der Zukunft noch nicht gekommen ist. Folglich ist der gegenwärtige Augenblick des Geistes das einzige, wovon man sagen kann, dass er existiert. Was uns als Kontinuität des Geistes erscheint, ist einfach eine Abfolge von Bewusstseinsmomenten. Deshalb sind die Erscheinungsformen des Geistes, ebenso wie die grobstofflichen Formen der äußeren Welt, nur relativ wirklich, während ihre letztendliche Wirklichkeit der Bewusstseinsmoment ist.

Alle buddhistischen Schulen erkennen, dass Leiden entsteht, weil die Beziehung zwischen dem Geist als Wissendem und den Objekten als Gewusstem nicht richtig verstanden wird. Der verwirrte Geist hängt an einer Idee von seiner eigenen, klar umrissenen Identität, die ihn von den wahrgenommenen und für wirklich gehaltenen Objekten trennt. Diese Trennung hat zur Folge, dass der Geist Anhaftung entwickelt, wenn er einen Gegenstand als schön beurteilt, und Ablehnung, wenn er einen Gegenstand als unangenehm beurteilt. Indem der Geist diesen beiden Reaktionsmustern folgt, wo er zum Objekt entweder Zuneigung oder Abneigung empfindet, wird er von störenden Gefühlen erfasst. Und da seine Handlungen dem Gesetz von Ursache und Wirkung unterliegen, ist Leid die Folge.

Allen buddhistischen Schulen gemeinsam ist diese Erkenntnis des gesamten Prozesses, Unterschiede bestehen jedoch in der Anschauung darüber, was genau die Natur der Beziehung zwischen Geist und Objekten ist. Die Vaibhasika Schule behauptet, dass es einen direkten Kontakt – ohne irgendeine Vermittlung – zwischen dem Bewusstsein der Sinnesorgane und ihren Objekten gibt. Die Sautrantika Schule, die wir als nächstes untersuchen, widerlegt dies.

Die Sautrantikas

Nach Anschauung der Sautrantikas ist es aufgrund des radikalen Unterschiedes in ihrem jeweiligen Wesen nicht möglich, dass der Geist und die Teilchen der äußeren Welt direkten Kontakt haben können. Der Geist ist gewahr und klar wie Glas. Die materielle Welt ist tot und unbelebt. Der Geist kann nur etwas direkt erkennen, was von derselben Natur ist wie er selbst. Deshalb muss das Erkennen der äußeren Welt in einem anderen Vorgang als dem der direkten Begegnung von Geist und Materie geschehen. Die Sautrantikas postulieren folglich ein geistiges Abbild des grobstofflichen Gegenstandes, das eine natürliche Auswirkung der Existenz des Gegenstandes ist und vom Geist erfasst und gewusst werden kann, weil es von derselben Natur wie der Geist ist. Das Objekt selbst ist real und existiert, bliebe aber dem Geist verborgen, wenn es nicht dieses geistige Abbild gäbe, das vom Geist aufgenommen werden kann. Der Geist hält dieses mentale Bild für wirklich, und das baut den oben beschriebenen Vorgang auf, der in Leid mündet. Es sind also nicht die Objekte selbst, die dem Geist Leiden verursachen, sondern die Anhaftung an die geistigen Abbilder, die von ihnen ausgehen.

Die Vaibhasika wie die Sautrantika Anschauung können den Schüler zur Arhatschaft führen. Der Schüler untersucht das für ein Ich gehaltene Körper-Geist-Gefüge sehr genau und befreit sich von der Ichanhaftung, indem er realisiert, dass alles, worauf er seine Ichvorstellung begründet, auf physische und mentale Teilchen zurückgeführt werden kann, von denen keines die Existenz des geliebten Ichs rechtfertigt. Diese Verwirklichung von Nicht-Ich ermöglicht es dem Schüler, sich von seinen emotionalen Verwicklungen zu befreien und Arhatschaft zu erlangen.

Die Sautrantikas flechten in diese analytische Untersuchung noch ihr Verstehen ein, dass der Körper, woran man so sehr anhaftet, nicht der wirkliche aus Teilchen gebildete Körper ist, sondern nur sein geistiges Abbild – noch ein Grund mehr, ihn nicht für wirklich zu halten und als Ich zu identifizieren. Beide Schulen praktizieren Meditation, um den Geist zu beruhigen und zu sammeln. Und aus dieser geistigen Sammlung heraus führen sie ihre analytische Untersuchung durch.

Da beide Schulen an die letztendliche Wirklichkeit der Teilchen glauben, die Geist und Materie bilden – sei der Kontakt direkt oder indirekt je nach Position der Schule –, müssen sie behaupten, dass die äußere, leblose Welt auch noch weiter existiert, nachdem alle Wesen erwacht sind. Nach den Prajna Paramita Lehren jedoch macht genau solch eine Sichtweise die Verwirklichung vollkommener Buddhaschaft unmöglich, weil sie wie ein feiner Schleier ist, der die Allwissenheit verhüllt. Hat der Schüler, der den Anschauungen der Vaibhasikas oder Sautrantikas folgt, einmal die Arhatschaft erlangt, so ist sein Geist nicht länger von emotionalen Verwicklungen verdunkelt und er kann in die unerschöpfliche Kontemplation eintauchen, dabei seinen Fehler erkennen, seine Sichtweise berichtigen und die letzten Schleier auflösen, die noch die volle Erleuchtung verhüllen.

Man mag sich fragen, warum der Buddha diese beiden Sichtweisen gelehrt hat, wenn doch tatsächlich überhaupt keine wirklichen Teilchen existieren, weder physisch noch mental, aus denen die materiellen und geistigen Welten gebildet sind. Der Grund dafür ist, dass solch eine Lehre unentbehrlich für jene Kategorie von Menschen ist, die noch nicht bereit sind, die Unwirklichkeit der äußeren Welt zu akzeptieren. Die Teilchen-Theorie ist trotz ihres Unvermögens, den Schüler zur vollen Erleuchtung zu führen, dennoch imstande, ihn von seiner emotionalen Verwicklung zu befreien und Arhatschaft zu gewähren. Dann wird sich sein Verstehen bis zu einem solchen Punkt geweitet haben, dass er die Wahrheit über die Objekte der äußeren Welt akzeptieren und allmählich zur vollkommenen Buddhaschaft fortschreiten kann.

Mahayana Sichtweisen

Relative und absolute Wahrheit

Für jene, die unmittelbar auf das vollständige Erwachen zielen können, lehrte der Buddha die volle Wahrheit über den Geist und die stoffliche Welt.

Er erklärte, dass dem Geist das Gewahrsein seiner eigenen wahren Natur fehlt und aus eben solchem Ungewahrsein die unterschiedlichen Welten und vielfältigen Wesen, die in ihnen wohnen, entstehen. Aufgrund dieser Unwissenheit nimmt der Geist eine äußere von ihm selbst getrennte Welt wahr, obwohl die Welt in Wirklichkeit eine Projektion des Geistes ist.

Sie ist daher

- nicht etwas, das aus sich selbst heraus entsteht,
- auch nicht etwas, das durch etwas anderes entsteht,
- auch nicht etwas, das durch eine Kombination dieser beiden Möglichkeiten entsteht
- und auch nicht etwas, das ohne Ursache entsteht.

Wenn sie aus sich selbst heraus entstünde, müsste sie bereits existieren und es wäre daher nicht nötig sie ein zweites Mal ins Leben zu rufen. Wenn sie durch etwas anderes entstünde, müsste sie ebenfalls bereits existieren, um als außerhalb von etwas Anderem definiert werden zu können: Wie kann es ein Du geben, wenn es nicht zuvor ein Ich gibt? Zu sagen, dass die Welt aus einer Kombination dieser beiden Faktoren entsteht, heißt, beide gerade erwähnten Fehler zugleich zu machen. Und was die Behauptung angeht, dass sie aus überhaupt keiner Ursache entsteht, da haben wir bereits gesehen, dass dies offensichtlich falsch ist, wo wir doch aus eigener Anschauung erkennen, dass die Vereinigung der Eltern die Ursache für die Geburt eines Kindes ist oder wie sich Weizen aus Samenkörnern als Ursache entwickelt usw.

Was ist dann die Welt? Der Buddha lehrte, dass sie durch Entstehen in Abhängigkeit geschaffen wird. Ein Ding beruht auf einem anderen, welches wiederum von etwas anderem abhängt. Von nichts kann man sagen, dass es wirklich besteht, denn wenn etwas wirklich existieren soll, muss es ein sich selbst genügendes, unabhängiges Phänomen sein. Darum macht es keinen Sinn nach dem Ursprung der Welt zu suchen, da sie kein eigenständiges Dasein besitzt. Lasst uns das Beispiel eines Hauses nehmen: Es gibt kein Haus, das unabhängig von den Wänden, der Decke, den Fußböden etc. existiert; und selbst diese bestehen nicht unabhängig von ihren eigenen Komponenten. Nicht einmal das kleinstmögliche Teilchen besteht unabhängig von seinen Teilen. Und dies gilt sowohl für die Materie wie den Geist. Es gibt keinen Körper, der unabhängig von seinen verschiedenen Teilen existiert, und es gibt keinen Geist, der unabhängig von seinen Bewusstseinsmomenten existiert. Relativ gesehen haben das Haus, die Wand, das Atom, der Geist eine gewisse Wirklichkeit, doch bei näherer Untersuchung wird offenbar, dass diese letztendlich kein von ihren Teilen unabhängiges Etwas sein können, sie sind leer von jeglicher eigenen wahren Realität.

Wir haben daher zwei Arten von Wirklichkeit:

- die relative Wahrheit, die das ist, was da zu sein scheint,
- und die absolute Wahrheit, die das ist, was wirklich da ist.

Diese beiden Wahrheiten oder Wirklichkeiten sind nicht ein und dasselbe, denn sonst würde das Sehen der einen Wahrheit automatisch das Sehen der anderen beinhalten, was aber nicht der Fall ist, da wir, selbst wenn wir die relative Wirklichkeit eines Gegenstandes wahrnehmen, weiterhin unwissend über seine absolute Wirklichkeit bleiben können. Auch können diese beiden Wahrheiten nicht gänzlich verschieden und unabhängig voneinander sein, da man die eine nicht von der anderen trennen kann, einfach weil die absolute Wirklichkeit eines Objektes die wahre Natur seiner relativen Wirklichkeit ist. Es ist nicht gerechtfertigt zu sagen, dass die relative Wirklichkeit falsch ist, denn ihre Erscheinung ist ganz echt, ebenso wie ein Bild in einem Spiegel oder eine von einem Magier hergezauberte Illusion wirklich da ist. Jedoch in dem Sinne, dass sie keine ihnen eigene wirkliche Essenz haben und sie vom Standpunkt der letztendlichen Wirklichkeit her leer von einem wahren Sinn sind, wäre es falsch zu sagen, dass relative Wirklichkeit wahr ist.

Wie die Welt aus dem Geist erscheint, können wir aus zwei Richtungen verstehen.

- Unmittelbare Einsicht gewinnen wir kraft der Meditation und anderer Übungen, wodurch die Unwissenheit soweit reduziert wird, dass der Geist seine wahre Natur und seine Wirkungsweise erkennt. Dies ist nicht etwas, das der Meister überträgt, sondern hängt gänzlich von den Anstrengungen des Schülers ab.
- Eine andere, geringere Art des Verstehens – jedoch wesentlich für alle deren unmittelbare Einsicht noch von Unwissenheit verdunkelt ist – wird durch logische Schlussfolgerung und stichhaltige Begründung gewonnen. Indem man Erklärungen und Argumente hört und anschließend sorgfältig darüber nachdenkt, kann man zur Schlussfolgerung gelangen, dass die Welt aus dem Geist entsteht. Diese Art des Vorgehens wird durch folgende Beispiele illustriert: Wenn wir unser Gesicht in einem Spiegel betrachten, so können wir sagen, ob es schön ist oder nicht. Obwohl wir nicht unser eigentliches Gesicht sondern nur sein Spiegelbild sehen, ist es möglich eine gültige Aussage zu machen. Oder wenn wir Rauch sehen, können wir folgern, dass es ein Feuer gibt, ohne dass wir das Feuer tatsächlich sehen müssen. Solch indirektes Verstehen reicht für den Beginn, denn es bildet eine Basis für die Meditation, die uns schließlich zur gültigeren direkten Einsicht führt.

Wissender und Gewusstes

Im Akt des Wissens gibt es zwei Elemente: den Wissenden, das erkennende Bewusstsein, und das Gewusste, die Objekte worüber das Bewusstsein Wissen hat. Offensichtlich besteht eine Verbindung zwischen den beiden, da die Objekte eine Wirkung auf den Geist haben. Schöne Gegenstände erzeugen Anhaftung, unangenehme Gegenstände Ablehnung und neutrale Gegenstände Gleichgültigkeit. Daher muss es so sein, dass entweder Bewusstsein und Objekte vom selben Wesen sind oder in ursächlicher Beziehung miteinander stehen, in der Weise wie Rauch und Feuer miteinander verbunden sind.

Die Sautrantikas haben bereits aufgezeigt, dass das Objekt von derselben Natur wie der Geist sein muss, damit der Geist es erkennen kann. Wenn Objekte von stofflicher Substanz wären, wie könnten sie dann jemals vom Geist erkannt werden? Der Geist ist immateriell und formlos, sein Wesen ist jenseits aller Beschreibung und kann weder durch Form, Farbe oder sonst etwas definiert werden. Das Wesen eines materiellen Objektes jedoch kann man gut beschreiben, indem man über seine Form, Gestalt, Farbe und seine Ausmaße redet. Wären das Stoffliche und Unstoffliche ihrem Wesen nach gänzlich verschieden, dann wäre jeglicher Kontakt zwischen ihnen unmöglich. Das Sehvermögen könnte niemals die Form erfassen, das Hörvermögen niemals den Klang usw. Dieser Unterschied im Wesen würde auch eine ursächliche Beziehung ausschließen, denn wenn sie ihrem Wesen nach völlig anders wären, wie könnte da der Geist die Ursache materieller Objekte sein oder die materiellen Objekte die Ursache des Geistes.

Die einzig mögliche Schlussfolgerung ist daher, dass Objekte Geist sind. Ist dies der Fall, entstehen solche Probleme nicht. Der Geist kann eine Kenntnis der Objekte haben, da sie aus Geist gemacht sind, und Geist kann Geist erzeugen. Nehmen wir das Beispiel eines Traumes: Wenn man von einem Pferd träumt, kann man das Pferd sehen, weil es geist-gemacht ist, es wird vom Geist geschaffen und hat dieselbe Natur wie der Geist selbst. In gleicher Weise sind alle unterschiedlichen Objekte und ihre Wahrnehmung durch die Sinne, die den geistigen Prozessen zugrunde liegen, aus Geist gebildet. In der Tat entdecken wir, wenn wir näher hinschauen, dass eine stoffliche, aus unteilbaren Teilchen gebildete Welt eine unhaltbare Theorie ist, weil ihre Existenz unmöglich ist. Ein Atom ist als das kleinstmögliche Teilchen definiert worden, so klein dass eine weitere Unterteilung nicht möglich ist. Wenn etwas nicht länger teilbar ist, kann es überhaupt keine Dimensionen mehr haben. Hat es aber noch Ausmaße, so kann es wiederum in vorne, hinten, links und rechts unterteilt werden. Wenn also ein Atom per Definition keine Dimensionen hat, wie können dann Atome sich verbinden, um größere Massen zu bilden? Ohne Dimensionen hat ein Atom weder Seiten noch Ecken, woran ein anderes Atom sich festmachen könnte, weder direkt noch durch eine Art vermittelnder Kraft. Dieses Argument gilt auch für die kleinsten Bewusstseinsmomente, aus denen der Geist gemacht sein soll. Die Theorie der kleinsten Bausteine ist daher eine logische Absurdität.

Es mag zuerst schwierig sein zu akzeptieren, dass die Welt nicht aus Atomen gebildet wird. Wir mögen einwenden, dass es doch ziemlich offensichtlich ist, dass Dinge aus Teilchen bestehen. Ein Haus zum Beispiel ist eine Zusammensetzung aus Teilen wie Steine, Zement usw. Ein Kind am Strand baut eine Burg aus Sandkörnern. Nun, so erscheint es dem verwirrten Geist, aber in Wirklichkeit ist es nicht so. Der verwirrte Geist ist wie ein träumender Geist, der die Ereignisse im Traum für wirklich hält. Man mag von einem Kind träumen, das am Strand eine Burg aus Sand baut, aber weder die Burg noch die Sandkörner sind wirklich, sie erscheinen nur dem verwirrten träumenden Geist als wirklich. Gleicherweise können Dinge in Begriffen der relativen Wahrheit als aus Teilchen gebildet erscheinen, aber in Begriffen der absoluten Wahrheit hat keines dieser Sinnesobjekte irgendeine materielle Wirklichkeit.

Wenn wir über die Sinnesobjekte reden, müssen wir bedenken, dass die Information, die durch das jeweilige Bewusstsein der fünf Sinne aufgenommen wird, von der Geistesfähigkeit und der ihr entsprechenden Erkenntnisfähigkeit begrifflich erfasst wird.[1] Die Objekte des sechsten Sinnes, des Geist-Bewusstseins, werden Dharmas genannt. Dharma bezeichnet in diesem Falle etwas, worüber der Geist Wissen haben kann.[2] Das folgende Beispiel illustriert, wie Sinnes-Bewusstsein und Geist-Bewusstsein miteinander in Beziehung stehen. Beim Sehen eines Glases ist das Glas zuerst eine Form, die vom Sehbewusstsein wahrgenommen wird. Das Glas wird vom Sehbewusstsein als eine Form, aber noch nicht als Glas wahrgenommen, und wird dann dem mentalen Bewusstsein als ein Dharma oder etwas, das gewusst werden kann, übertragen. Ist es von der Erkenntnisfähigkeit des mentalen Bewusstseins registriert, beginnt der Geist einen Prozess der Auslese, um das Objekt der Erkenntnis begrifflich zu erfassen. Aus vergangener Erfahrung kann der Geist erkennen, dass das empfangene Bild zum Beispiel nicht eine Tasse oder ein Löffel sondern ein Glas ist. Der passende Name ist gefunden und das von der Sehfähigkeit übertragene Bild wird vom Geist als ein Glas erkannt.

Die Geistesfähigkeit und ihre Erkenntniskraft haben also die Rolle, Objekte begrifflich zu erfassen und sie als dies oder jenes wahrzunehmen, indem sie das eine Objekt vom andern unterscheiden. Das Geist-Bewusstsein schätzt auch die Objekte ein, indem sie diese als angenehm, unangenehm oder neutral beurteilt und eine entsprechende Reaktion der Zuneigung, Abneigung oder Gleichgültigkeit gegenüber dem Objekt schafft.

Das über die fünf Sinne agierende Bewusstsein (bzw. das objektbezogene Wissen, das auf der Basis der Sinnesorgane entsteht) hat nichts mit diesem geistigen Begreifen zu tun, sondern nimmt einfach nur die Formen, Klänge, Gerüche, Geschmäcker und Tastempfindungen wahr. Das begriffliche Erfassen über das Geist-Bewusstsein (bzw. über das objektbezogene Wissen, das auf der Basis der Sinnesorgane entsteht) ist daher für die Wahrnehmung der Welt um uns herum verantwortlich. Wäre zum Beispiel die Attraktivität einer Tigerin Teil ihrer Natur, dann wäre sie nicht nur für den männlichen Tiger attraktiv, sondern auch für Menschen und andere Tiere. Da dies nicht der Fall ist, können wir daraus folgern, dass ihre Attraktivität nicht in ihr selber ist, sondern im begrifflichen Erfassen des Geist-Bewusstseins des männlichen Tigers liegt. Dies zeigt wie das Erleben der gesamten Welt um uns herum von der Konzepte schaffenden Aktivität des Geistes bestimmt wird.

Wir haben jetzt dargelegt, dass es keine unabhängig existierende Substanz gibt, sei sie nun so klein wie ein Teilchen oder so groß wie ein Berg. Alles was existiert, existiert nur in Beziehung zu anderen Dingen. Wenn es links gibt, so auch rechts; ohne links gäbe es kein rechts. Gäbe es nicht heiß, so gäbe es auch nicht kalt. Ohne lang kein kurz, ohne Ich kein Du. Wenn es kein wirklich existierendes Objekt der Erkenntnis gibt, folgt daraus, dass es auch kein wirklich existierendes Subjekt geben kann, welches das Objekt erkennt. Besteht das Objekt der Wahrnehmung nicht wirklich, dann besteht der Geist, der es wahrnimmt, auch nicht wirklich. Die Augenblicke des Erkennens, die den Geist ausmachen, haben keine unabhängige Wirklichkeit. Ihre Existenz hängt von den wahrgenommenen Objekten ab: Wenn kein Klang, dann keine Hör-Erkenntnis und so fort. Die Welt draußen wird vom Geist-Bewusstsein aufgezeichnet. Doch auch diese Erkenntniskraft hat keine unabhängige Wirklichkeit in sich selbst. Sowohl Erkenntnis wie Erkenntnisobjekt sind in sich selbst unwirklich, nichts anderes als Projektionen des Geistes. Der Geist ist die Ursache von allem und doch ist der Geist nicht in irgendeinem wirklichen Sinne existent.

Die acht Arten objektbezogenen Bewusstseins

Das begriffliche Erfassen des verwirrten Geistes lässt die Welt entstehen, die nicht aus sich selbst heraus sondern in relativer Weise als abhängig von Ursachen und Bedingungen existiert. Diese Ursachen und Bedingungen bestehen aus acht Arten objektbezogenen Bewusstseins[3], von denen das Allem-zugrundeliegende-Bewusstsein (Sanskrit: *Alaya Vijnana*)[4] der hauptsächliche oder bestimmende Faktor ist. Es ist die grundlegende Bedingung für das Entstehen der anderen sieben Bewusstseinsarten, die sozusagen von ihm projiziert werden. Diese sieben sind: Die zu den fünf Sinnen gehörenden Bewusstseinsformen (die fünf Arten objektbezogenen Wissens, die auf der Basis der Sinnesorgane entstehen), das Geist-Bewusstsein (objektbezogenes Wissen, das auf der Basis des Bewusstseins entsteht. Sanskrit: *Mano Vijnana*) und das von Verdunkelung getrübte Bewusstsein (Sanskrit: *Klesha Vijnana.*). Alle acht sind trotz ihrer augenscheinlichen Unterschiede vom selben Wesen, so wie Wellen auf der Oberfläche des Meeres vom selben Wasser aus der Tiefe des Meeres geformt werden. Wellen tauchen in vielfältiger Weise und Gestalt auf, und genauso verhält es sich mit den acht Arten objektbezogenen Bewusstseins, die abhängig von der Beschaffenheit des von ihnen wahrgenommenen Objektes unterschiedlich sind. Es gibt ein Sehbewusstsein, das sich auf Form bezieht, ein Riechbewusstsein, das sich auf Geruch bezieht und so fort.

Die in der äußeren Welt liegende Bedingung für verwirrte Wahrnehmung ist das vorgestellte Sinnesobjekt, nämlich Form, Klang, Geruch, Geschmack und Berührung. Die entscheidende Bedingung jedoch liegt in uns selbst. Sie wird von der Sinnesfähigkeit des jeweiligen Sinnesorganes gestellt. Diese Fähigkeit ist nicht das ganze Sinnesorgan, sondern nur der sensitive Teil von ihm, der die Aufgabe hat, das Objekt aufzugreifen und seine Wahrnehmung zu ermöglichen. Jede Art von Sinneswahrnehmung ist mit der entsprechenden Sinnesfähigkeit und nicht mit dem Organ als ganzem verbunden. Eine Person mag Augen haben, aber wenn das Sehvermögen in den Augen zerstört ist, wird sie nicht imstande sein zu sehen.

Die sensorische Fähigkeit des Geist-Bewusstseins (*Mano Vijnana*), die für das geistige Erkennen zuständig ist und alle erkennbaren Dinge zum Gegenstand hat, wurzelt in einem weiteren Aspekt des Geistes, der augenblicklicher oder unmittelbarer Geist genannt wird und dessen subtiles sensorisches Material geistiger Natur ist. Er heißt deshalb unmittelbarer oder augenblicklicher Geist, weil er in jedem Augenblick unmittelbar gegenwärtig ist, wo ein Akt geistigen Gewahrseins beginnt oder aufhört. Und es ist dieser Augenblick, der es dem Geist-Bewusstsein (dem Bewusstsein als Sinnesorgan) überhaupt erst ermöglicht zu agieren. Zwischen Erkenntnis und Erkenntnisobjekt muss es Raum geben, damit Erkenntnis möglich ist. Man könnte es mit dem Raum zwischen dem eigenen Gesicht und dem Spiegel vergleichen, ohne den es nicht möglich wäre, sich selbst zu sehen. Der unmittelbare Geist ist der leere Zwischenraum, der Bewusstsein und Objekt voneinander fernhält. Jedoch ist es nicht einfach Raum, sondern seiner Natur nach etwas Geistiges, das Kontakt mit dem Geist herstellen kann, weil es selber Geist ist. Durch Meditation ist es dem Geist sogar möglich seine eigene sensorische Fähigkeit kennen zu lernen.

Die sechs Sinnesfähigkeiten, die sechs zu ihnen gehörenden objektbezogenen Arten des Bewusstseins und die sechs Objekte, durch die sie stimuliert werden, sie alle entstehen aus dem Allem-zugrundeliegenden-Bewusstsein und lösen sich am Ende darin wieder auf, so wie Wellen sich auf dem Ozean erheben und wieder in ihn zurücksinken. All diese verschiedenen Faktoren sind Projektionen des Geistes – die Sinnesobjekte mit eingeschlossen – die keine materielle Wirklichkeit besitzen. Darüber hinaus bestehen diese verschiedenen Faktoren nur in Beziehung zueinander und nicht aus sich selbst heraus.

Wie vollzieht sich diese wechselseitig abhängige Beziehung des sensorischen Prozesses? Seit anfangsloser Zeit hat unser Gewohnheitsverhalten, das aus Unwissenheit herrührt, Eindrücke hinterlassen, die im Allem-zugrundeliegenden-Bewusstsein aufbewahrt werden. Das Allem-zugrundeliegende-Bewusstsein verfehlt es, seine eigene wahre Natur zu erkennen und hält fälschlicherweise sich selbst als Allem-zugrundeliegenden-Bewusstsein und die fünf Skandhas, die fünf psycho-physischen Aggregate,[5] für ein Selbst. Aus dieser Sicht heraus entstehen die emotionalen Trübungen, die dann das Verhalten bestimmen. Die Handlungen des Handelnden unterliegen dem Gesetz von Ursache und Wirkung und hinterlassen Spuren oder Neigungen, die im Allem-zugrundeliegenden-Bewusstsein aufbewahrt werden, bis sie heranreifen und das Feld der Wahrnehmung schaffen, das jener besonderen Neigung entspricht. Ist zum Beispiel im Allem-zugrundeliegenden-Bewusstsein das Potential für eine menschliche Existenz gespeichert, so werden aus dem Allem-zugrundeliegenden -Bewusstsein, wenn dieses Potential zur Reife gelangt, die sechs Sinneskräfte, die sechs Objekte und die sechs fragmentarischen Bewusstseinsarten aufscheinen, die einer menschlichen Existenz zueigen sind.

Der unmittelbare Geist ist die Basis für unsere Wahrnehmung der Welt, da über ihn die von den anderen Sinneskräften empfangenen Objekte begrifflich erfasst, behalten, von anderen unterschieden und dann mit Zu- oder Abneigung beurteilt werden. Dies ist eine Form von Anhaftung. Eine weitere Anhaftung wird vom emotional getrübten Bewusstsein (*Klesha Vijnana*, das siebte fragmentarische Bewusstsein) geschaffen. Dieses Bewusstsein ist seiner wahren Natur nach natürlich nicht verschieden vom unmittelbaren Geist, doch ist die von ihm entwickelte Anhaftung ein wenig anders. Das emotional getrübte Bewusstsein haftet an der Vorstellung eines Selbst, indem es annimmt »ich existiere« und »ich bin besser und wichtiger als die anderen« – Annahmen, die ganz und gar falsch sind, da es ja tatsächlich kein Selbst im Allem-zugrundeliegenden-Bewusstsein gibt. Aus dieser Vorstellung der Existenz eines Ich entstehen die vielfältigen Emotionen, die den Geist trüben. Dieser emotional getrübte Geist ist die Quelle von all dem, was mit dem Fachausdruck »zerstörbare Verbindungen« benannt wird. Da der Geist die fünf psycho-physischen Aggregate (die fünf Skandhas) für wirklich hält und ein Selbst aus ihnen macht, schafft er Verbindungen, die nicht wirklich existieren und die daher durch eine sorgfältige Untersuchung ihrer wahren Natur zerstört werden können.

Zusammenfassend können wir sagen: Der augenblickliche oder unmittelbare Geist ist die Bedingung, die es möglich macht, dass objektbezogenes Bewusstsein entsteht. Das emotional getrübte Bewusstsein ist die Bedingung für das Erscheinen der emotionalen Zustände des Geistes und folglich die Bedingung, die den Geist verschleiert.

Das Allem-zugrundeliegende-Bewusstsein ist eine Basis und ein Speicher, wo alle aus unseren früheren Handlungen resultierenden Samen gespeichert sind, bis sie heranreifen. Es ist folglich wie ein Flecken Erde, wo die reifen Samen aufkeimen, und sowohl Basis wie Ruheort für die ganze Welt um uns herum. Die Welt entsteht ja aus der Aktivität der sieben Arten objektbezogenen Bewusstseins, und diese sieben selbst sind wiederum das Produkt des Allem-zugrundeliegenden-Bewusstseins. Alle Regungen dieser sieben Bewusstseinsarten hinterlassen »gute« oder »schlechte« Spuren, die im Grundlagen-Bewusstsein aufbewahrt werden, wobei das Grundlagen-Bewusstsein seinem Wesen nach neutral ist und weder gut noch schlecht kennt. Es ist wie ein weiter Ozean auf dessen Oberfläche die heranreifenden Neigungen wie Dunst aufsteigen. Die sieben objektbezogenen Bewusstseinsarten sind wie Regen und ihre Aktivität formt Flüsse, die zurück in den Ozean fließen, wo all ihr Wasser ohne Verlust aufbewahrt wird bis wieder Verdunstung stattfindet.

Das Allem-zugrundeliegende-Bewusstsein wird auch der »Nehmer« genannt, in dem Sinne, dass es eine Wiedergeburt nach der anderen annimmt. Wenn dieses gegenwärtige menschliche Leben endet, folgt darauf die Bardo-Erfahrung[6], wo das Allem-zugrundeliegende-Bewusstsein wieder die sechs objektbezogenen Bedingungen als auch den von Ichanhaftung getrübten Geist projiziert und den mentalen Bardo-Körper annimmt. Wenn der Bardo zuende geht, greifen wiederum die aus dem Allem-zugrundeliegenden-Bewusstsein projizierten Bewusstseinseinsarten, Sinnesfähigkeiten und Objekte nach dem nächsten Zustand.

Ein anderer Name für Allem-zugrundeliegendes-Bewusstsein ist »abhängiges Bewusstsein«, weil es in seiner Existenz von den anderen sieben abhängt. Nehmen wir das obige Bild als Illustration: Wie der Ozean, der nicht ohne Verdunstung, Regen und Flüsse existieren könnte, kann das Grundlagen-Bewusstsein nur existieren, solange es die Aktivität der sieben Bewusstseinsarten und ihre Spuren gibt, die sie im Speicherbewusstsein hinterlassen. Wenn der Geist nicht länger unwissend über seine wahre Natur und folglich nicht mehr verwirrt ist, wird der Aktivität der sieben objektbezogenen Bewusstseinsarten entgegengewirkt und sie gehen zuende. Im selben Augenblick geht auch das Allem-zugrundeliegende-Bewusstsein zuende. Es ist sehr wichtig zu verstehen, dass auch dieses ein abhängiges Phänomen ist! Wenn es aus sich selbst heraus ohne die Aktivität der sieben anderen Bewusstseinsarten existieren könnte, wäre es dasselbe wie das Prinzip der Samkhya Schule des Denkens, und die Lehren des Buddha wären nicht von der frühen indischen Philosophie zu unterscheiden.

Die Essenz des Allem-zugrundeliegenden-Bewusstseins ist die wandellose Buddhanatur, die immer dieselbe bleibt, ob sie von den Wolken der Unwissenheit verdeckt wird oder nicht. Wenn der Geist seine wahre Natur erkennt, werden das Allem-zugrundeliegende-Bewusstsein und die sieben objektbezogenen Bewusstseinsarten, die dem verwirrten Geist angehören, von erleuchteten Seinsarten ersetzt, welche die Aktivitätsbereiche der verschiedenen Aspekte ursprünglicher Weisheit sind.

Die acht objektbezogenen Bewusstseinsaspekte im Überblick

1. Augen-Bewusstsein – Caksur Vijnana
2. Ohr-Bewusstsein – Shrotra Vijnana
3. Nasen-Bewusstsein – Ghrana Vijnana
4. Zungen-Bewusstsein – Jihva Vijnana
5. Körper-Bewusstsein – Kaya Vijnana
6. Geist-Bewusstsein – Mano Vijnana
7. Getrübtes Bewusstsein – Klesha Vijnana
8. Allem-zugrundeliegendes-Bewusstsein – Alaya Vijnana

Zu 1–5
Die fünf Arten von Sinnesbewusstsein

Sie agieren auf der Basis der Fünf Sinnesorgane und ihrer entsprechenden Sinnesfähigkeiten.

1. Sehbewusstsein stützt sich auf das Organ Auge und hat Formen zum Objekt.
2. Hörbewusstsein stützt sich auf das Organ Ohr und hat Klänge zum Objekt.
3. Riechbewusstsein stützt sich auf das Organ Nase und hat Gerüche zum Objekt.
4. Schmeckbewusstsein stützt sich auf das Organ Zunge und hat Geschmäcke zum Objekt.

5. Tastbewusstsein stützt sich auf das Organ Körper und seinem feinen Nervensystem und hat körperliche Empfindungen zum Objekt.

Die fünf Sinnesorgane mit ihrem entsprechenden Bewusstsein werden auch »äußerlich« genannt, eben weil sie sich auf das beziehen, das gesehen, gehört, gerochen, geschmeckt und empfunden werden kann. Sie sind ohne Denken, das heißt sie erfahren ihre Objekte direkt, können aber nicht über die wahrgenommenen Objekte nachdenken und Urteile fällen. Sie sind nicht-konzeptuelle, nichtbegriffliche Bewusstseinsarten.

Zu 6
Mano Vijnana – Geist-Bewusstsein

Das Geist-Bewusstsein unterscheidet zwischen den Wahrnehmungen der fünf Sinne und identifiziert sie als dieses oder jenes. Dieses Bewusstsein wird »innerlich« genannt, weil es bei ihm um die Erfahrung und Beurteilung des Wahrgenommenen im Geist selbst geht. Das Geist-Bewusstsein ist mit Denken befasst. Alles, was durch die Tore der fünf Sinnesorgane und ihrem Bewusstsein aufgenommen wird, gelangt zum Geist-Bewusstsein, jedoch nicht direkt, sondern als geistige Bilder oder in Sanskrit als Dharmas, womit in diesem Zusammenhang gemeint ist als rein geistiges Phänomen, das dem Geist erscheint. Das Geist-Bewusstsein produziert Gedanken von gut, schlecht und gleichgültig sowohl über das, was es durch die fünf Sinne erfährt, als auch über seine eigenen vorangegangenen Gedanken und Gefühle.

Zu 7
Klesha Vijnana – Getrübtes Bewusstsein

Das siebte objektbezogene Bewusstsein hat zwei Aspekte. Der emotional getrübte Aspekt dieses Bewusstseins missversteht die wahre Natur des achten Bewusstseins, des Allem-zugrundeliegenden Bewusstseins oder Geistesstroms, als ein Ich oder Selbst, das heißt: die Kontinuität des Erlebens wird für ein Ich gehalten.

Diese Fixierung wird im Träumen, Schlafen oder Wachen, in Glück oder Unglück aufrecht erhalten.

Der unmittelbare oder augenblickliche Aspekt dieses Bewusstseins wird definiert als ein Prozess, dem die Kraft innewohnt, einen Bewussteinsmoment zuende zu bringen und den nächsten auszulösen. Er aktiviert Eindrücke aus dem Speicherbewusstsein und legt die Eindrücke, die durch die anderen sechs Aspekte des Bewusstseins erfahren werden, im achten Bewusstsein ab. Diese Funktionsweise des Bewusstseins, der diese Bewusstseinsmomente miteinander verbindet, ist sehr subtil und deshalb wird er unmittelbar oder augenblicklich genannt. Er ist unserem Intellekt nicht zugänglich.

Zu 8
Alaya Vijnana – Speicherbewusstsein

Das achte fragmentarische Bewusstsein wird auch »Basis für alles« oder »Allem-zugrundeliegendes-Bewusstsein« genannt, weil es die bedingende Ursache für die anderen sieben Arten fragmentarischen Bewusstseins ist. Diese erscheinen wie Wellen auf dem Ozean in unterschiedlicher Form, sind aber in ihrem Wesen niemals vom Allem-zugrundeliegenden-Bewusstsein getrennt. Das Alaya Vijnana ist ein unaufhörlicher Strom von Bewusstseinsmomenten, der nie versiegt und sich in Leben, Tiefschlaf, Tod und Wiedergeburt weiter fortsetzt. Doch es ist kein Selbst, kein Atman, kein Gott, sondern in sich abhängig von den anderen Bewusstseinsaspekten. Es wird auch als das »Bewusstsein, das heranreifen lässt« bezeichnet, weil in ihm die Gewohnheitstendenzen heranreifen, die zum Erleben unseres Körper, unserer Umwelt und aller samsarischen Geisteszustände führen. In seiner Funktion als Speicherbewusstsein ist es weder positiv noch negativ, sondern speichert neutral alle Eindrücke, die durch körperliche und geistige Handlungen geschaffen werden.

Die fünf Pfade

Die Transformation der acht fragmentarischen, objektbezogenen Bewusstseinsarten in ihr Gegenteil vollzieht sich während unserer Praxis des Weges zur vollen Erleuchtung. Dieser Weg besteht aus fünf Schritten.

Der Pfad der Ansammlung

Der erste Schritt heißt Pfad der Ansammlung. In unserem Allem-zugrundeliegenden-Bewusstsein sind alle Eindrücke aus unseren früheren emotional getrübten Handlungen als Samen gespeichert. Diese Samen können zu Daseinsformen heranreifen, in denen so großes Leid herrscht, dass spirituelle Praxis unmöglich ist. Daher müssen wir verhindern, dass diese leidbringenden Samen heranreifen. Dies tun wir, indem wir gute Handlungen ansammeln und mit dieser Ansammlung solange fortfahren, bis die letzten leidbehafteten Samen vernichtet sind. Diese Vorgehensweise können wir mit dem Verbrennen eines Holzscheites vergleichen, den wir solange dem Feuer aussetzen bis er von ihm vollkommen verzehrt wurde, oder auch mit der Einnahme eines Gegenmittels, mit dem wir das Gift, das wir geschluckt haben, unschädlich machen. Das Heilmittel gegen Töten zum Beispiel ist Leben zu schützen und zu retten; das Heilmittel gegen Diebstahl ist großzügig zu handeln, und so fort. Als Ergebnis solcher Ansammlung positiver Handlungen erlangen wir möglicherweise eine Wiedergeburt als Mensch, die unerlässlich für die Verwirklichung der Buddhaschaft ist, da wir nur als Mensch den Weg des Erwachens praktizieren können.

Auf dem Pfad der Ansammlung beginnen wir mit der Praxis der Meditation. Betont wird hier hauptsächlich die Entwicklung von geistiger Stille und Sammlung. So wird der Geist vorbereitet für einen ersten flüchtigen Blick auf das ursprüngliche Gewahrsein. Die angewandten Mittel sollen dem Geist helfen, Stabilität zu erlangen und mit einsgerichteter Aufmerksamkeit zur Ruhe zu kommen. Anfangs ist unser Geist entweder voller Gedanken und wild außer Kontrolle oder er ist schläfrig und in geistiger Dumpfheit versunken, so dass uns die Aufgabe nahezu unmöglich scheint. Im Verlauf der Übung jedoch wird unser Geist allmählich stabil und kontrolliert und ist imstande, natürlich und anstrengungslos auf seinem Objekt zu verweilen und dabei klar und wach zu bleiben.

Dies ebnet den Weg für die Praxis der Einsichtsmeditation, die Techniken für eine tiefe Untersuchung des Nicht-Selbst beinhaltet, wodurch wir uns der wahren Natur des Allem-zugrundeliegenden-Bewusstseins bewusst werden.

Der Pfad der Verbindung

Solche bereits auf dem Pfad der Ansammlung begonnene Meditation lässt vier besondere Erfahrungen entstehen, die anzeigen, dass wir uns zum nächsten Pfad fortbewegt haben, dem Pfad der Verbindung. Dieser Pfad heißt so, weil auf ihm die Verbindung mit der ersten Verwirklichung ursprünglichen Gewahrseins geschieht, und zwar wenn alle gröbere geistige Bewölkung sich gelichtet hat und die erste Bodhisattva-Stufe erreicht wird. Die vier Erfahrungen, die zum Pfad der Verbindung gehören, sind Anzeichen, dass unsere Meditation richtig verläuft und Früchte zu tragen beginnt.

- Die erste dieser Erfahrungen wird Wärme genannt, jedoch nicht weil sie etwas mit Kundalini Yoga oder ähnlichen Übungen zu tun hat. Wärme ist ein Anzeichen, dass man dem Feuer näher kommt – wie die Wärme, die man fühlt, wenn man einen elektrischen Radiator anstellt, bevor er wirklich heiß wird. Diese erste Erfahrung ist das Zeichen, dass man sich einem ersten Blick aufs ursprüngliche Gewahrsein annähert. Ob dies geschieht, hängt jedoch von echter Einsichtsmeditation ab und ist daher eine Erfahrung, die nicht so leicht zu erlangen ist. Denken Sie bitte nicht, dass jedes ungewöhnliche Gefühl, was Sie in der Meditation empfinden mögen, ein Zeichen der Wärme ist.

- Die zweite Erfahrung – Spitze oder Gipfel genannt – taucht auf, wenn wir Stabilität in unserer Praxis erreicht haben. Auf dieser Stufe hat die wachsende persönliche Erfahrung von Meditation zu völliger Gewissheit über die Lehre des Buddha geführt. Wir sind jetzt ganz sicher, dass sie wirklich gültig ist und wir durch ihre praktische Anwendung vollkommene Buddhaschaft erreichen können. Bis zu diesem Punkt in unserer spirituellen Entwicklung kamen von Zeit zu Zeit Zweifel auf, und wir mussten der Lehre einfach Glauben schenken. Aber von diesem Punkt an verstehen wir direkt das Gesetz von Ursache und Wirkung und wissen, dass aus negativen Handlungen Leid entsteht und so fort. Alle Zweifel sind beseitigt worden.
- Das Heraufdämmern der dritten Erfahrung, des geduldigen Aushaltens, signalisiert eine Zunahme in der Kraft unseres Verstehens. Die positive Wirkung der Einsichtsmeditation ist jetzt so stark geworden, dass sie die Kraft hat, alle negativen Spuren im Grundlagen-Bewusstsein zu besiegen, selbst jene die schwerwiegend genug sind, um eine Wiedergeburt in den Höllen zu bewirken. Positive Handlung ist jetzt machtvoller als die von negativen und emotional getrübten Handlungen verursachten Schleier. Positives ist stark genug, Negatives auszuhalten und wird nicht mehr von ihm besiegt – daher der Name dieser Erfahrung. Durch unsere Praxis werden die negativen Kräf-

te fortwährend geschwächt und die positiven Seiten gestärkt, aber erst auf dieser Stufe geduldigen Aushaltens ist das Positive tatsächlich imstande, jeder negativen Neigung zu widerstehen, wie stark sie auch sein mag.

- Die vierte und letzte Erfahrung wird »die beste in der Welt« genannt, weil sie die beste aller Erfahrungen ist, die man haben kann, während man noch in der Welt ist. Mit dem nächsten Schritt betreten wir den Pfad des Sehens und sind nicht mehr im Bereich des Weltlichen. Dieses »beste Ding in der Welt« ist der Zugang zur Erfahrung ursprünglichen Gewahrseins.

Die Pfade des Sehens und der Meditation

Der erste Augenblick, in dem ursprüngliches Gewahrsein direkt wahrgenommen wird, kennzeichnet den Beginn des Pfades des Sehens. Wir haben jetzt den Daseinskreislauf hinter uns gelassen, um niemals dorthin zurück zu kehren, da nun die groben Schleier emotionaler Verblendung beseitigt sind. Dieses Sehen des ursprünglichen Gewahrseins ist wie das Sehen des Neumondes: Man sieht wirklich den Mond, aber noch nicht in seiner vollen Gestalt. Während unseres Fortschrittes auf dem nächsten Pfad, dem Pfad der Meditation, wird unsere Sicht immer weiter, bis sie auf der zehnten Bodhisattvastufe dem vollen Mond vergleichbar ist.

Der Pfad des Nicht-mehr-Lernens

Der fünfte und letzte Pfad kennzeichnet die vollständige Umwandlung des Allem-zugrundeliegenden-Bewusstseins in ursprüngliches Gewahrsein. Nichts Wesentliches ist aufgegeben worden. Es ist immer die Natur des Allem-zugrundeliegenden-Bewusstseins gewesen, als Wirkungsfeld ursprünglichen Gewahrseins zu agieren, doch wurde die Einsicht darin bisher von den Schleiern emotionaler Verblendung, den heranreifenden Neigungen und so weiter verhindert. Diese Schleier sind jetzt beseitigt und das Speicherbewusstsein kann gesehen werden als das, was es wirklich ist.

Die fünf Arten ursprünglicher Weisheit

In dem Maße, wie sich die Verwirrung des Geistes klärt, entdeckt dieser sein wahres Sein und beginnt mit den Energien der ursprünglichen Weisheit, anstatt jener der Verwirrung zu arbeiten.

Spiegelgleiche Weisheit

Das Allem-zugrundeliegende-Bewusstsein ist in seiner Essenz das in allen Lebewesen gegenwärtige Buddha-Element, auch Buddha-Herz oder Buddha-Natur genannt. Wenn alle Spuren, selbst von den subtilsten, die Buddhanatur verdeckenden Schleiern beseitigt worden sind, erscheint Spiegelgleiche Weisheit. Der Geist wird wie ein vollkommen polierter Spiegel, in dem alles, worüber er etwas wissen könnte, klar und ungehindert erscheint.

Dies vollzieht sich am Ende der zehnten Bodhisatta-Stufe, wo der Bodhisattva sich auch von den allerfeinsten Schleiern geläutert hat und ins Vajra-gleiche Samadhi eintaucht, »Vajra-gleich«, weil der Vajra – wie ein Diamant – alles zerstören, aber selbst nicht zerstört werden kann. Das Vajra-gleiche Samadhi stellt das Ziel dar: Es ist Buddhaschaft selbst, worin keine weitere Entwicklung mehr gemacht werden muss, wo es nichts mehr zu lernen oder zu läutern gibt. Über die zehn Bodhisattvastufen hinweg verweilt der Bodhisattva in Meditation. Doch seine geistigen Sammlungen sind noch nicht vollkommen rein, sondern erst in dem Augenblick, wo das Vajra-gleiche Samadhi aufscheint.

Spiegelgleiche Weisheit ist Allwissenheit, die ohne Anhaftung weiß. Unsere gegenwärtige Fähigkeit zu wissen basiert auf Dualität. Für uns ist es so: Wenn es links gibt, so muss es rechts geben; wenn es eine Vorderseite gibt, so gibt es zwangsläufig auch eine Rückseite. Wir sind auf unsere relativen fragmentarischen Abstraktionen beschränkt und gleichen einem gefangenen Vogel, der seinen Käfig nicht verlassen kann. Das Vajra-gleiche Samadhi besiegt vollständig diese Tendenz und der Geist entfliegt in die unbeschränkte Offenheit der Spiegelgleichen Weisheit, jedoch in viel tieferer Weise als der Vogel seinem Käfig entflieht. All jene, die noch von gewohnheitsmäßiger Anhaftung eingeschränkt werden, können unmöglich diese Freiheit verstehen, ganz gleich wie sehr sie es auch versuchen mögen. Nur wenn wir die Vajra-gleiche Sammlung selbst erfahren, werden wir die weite Offenheit der Spiegelgleichen Weisheit ganz realisieren, welches die größte und am vollsten entwickelte von allen verschiedenen Arten ursprünglicher Weisheit ist. Befreit von aller Dualität und Ich-Anhaftung ist Spiegelgleiche Weisheit der Dharmakaya in Aktion, das zu erlangende Ziel.

Sie bleibt untrennbar von ihrem Wirkungsfeld, das ein von allen Makeln und fragmentarischen, mit Verwirrung einhergehenden Abstraktionen befreites Feld ist.

Weisheit der Gleichheit

Vor der Umwandlung des Allem-zugrundeliegenden-Bewusstseins in Spiegelgleiche Weisheit ist bereits das emotional getrübte Bewusstsein (Klesha Vijnana) zur Weisheit der Gleichheit geworden. Diese Transformation ist insbesondere mit der achten Bodhisattvastufe verbunden.

Es gibt zwei Arten emotionaler Trübungen, nämlich jene, die auf falschen Sichtweisen beruhen und solche, die als angeboren bezeichnet werden. Beispiele für emotionale Trübungen in Bezug auf falsche Sichtweisen, die ihren Ursprung in philosophischer Spekulation haben, sind: an nicht stichhaltigen Ansichten über ein Selbst, wie zum Beispiel es für ewig zu halten, zu haften oder die Vier Edlen Wahrheiten falsch zu verstehen oder gar mit ihnen nicht einverstanden zu sein. Eine gewöhnliche Person mag nicht so definitiv formulierte Ansichten haben, aber aufgrund ihrer Unwissenheit hinsichtlich der wahren Natur des Allem-zugrundeliegenden-Bewusstseins wird sie unbewusst so handeln, als gäbe es ein wirklich existierendes Ich, weil sie ein Opfer der angeborenen Art von emotionaler Trübung ist.

Beide Arten von Täuschung können augenblicklich vernichtet werden, wenn der Bodhisattva sich in der Meditation sammelt, die heldenhafter Fortschritt genannt wird. Man könnte diese auch als Sammlung von Kraft bezeichnen, denn nichts kann sich ihr in den Weg stellen. In solch einer Meditation ist alle Anhaftung an Getrenntheit besiegt, wodurch die Weisheit der Gleichheit aufscheinen kann. Ohne diese Weisheit gibt es immer eine fundamentale Anhaftung an die Existenz eines wirklichen Unterschiedes zwischen uns selbst und anderen, welche ja die emotionalen Trübungen verursacht, die dann wiederum zu Handlungen anregen und zur Fortsetzung des Daseinskreislaufs führen. Dieselbe fundamentale Anhaftung erschafft Dualität, nämlich solche Extreme wie gut und schlecht, den Daseinskreislauf und das Darüber-hinaus-Gelangen und so weiter. Indem der emotional getrübte Teil des Geistes durch die tiefe geistige Sammlung des heldenhaften Fortschritts transformiert wird, löst sich die Anhaftung an dualistische Unterschiede in Weisheit der Gleichheit auf, so dass zum Beispiel ein Unterschied zwischen Freude und Leid oder Daseinskreislauf und Darüber-hinaus (Nirvana) nicht mehr empfunden wird.

Tatsächlich ist die Weisheit der Gleichheit in einem gewissen Ausmaß bereits auf den ersten sieben Bodhisattvastufen präsent, aber erst auf der achten Stufe, wenn der Bodhisattva sich in der Meditation des heldenhaften Fortschritts sammelt, erreicht diese besondere Weisheit ihre volle Reife.

Weisheit der Unterscheidung

Wenn der Geist verwirrt ist, produziert der unmittelbare oder augenblickliche Geist – eingefärbt von Unwissenheit – eine dualistische Sicht der Objekte, die von den Sinnen wahrgenommen werden. Dies wird die Bedingung, wodurch alle nachfolgenden objektbezogenen Gedankenprozesse (ausgelöst durch die anfängliche Sinnesinformation) erst ermöglicht werden. Unter dem Einfluss der Unwissenheit ist der augenblickliche Geist eng und beschränkt. Im Illusionsgleichen Samadhi erkennt der Bodhisattva, dass die gesamte Erscheinungswelt wie eine von einem Zauberer hervorgebrachte magische Illusion ist. Dies hat zur Folge, dass er überhaupt nicht mehr nach den Erscheinungsformen als etwas Wirklichem greift. Der augenblickliche, unmittelbare Geist wird von allen Hindernissen befreit und alles kann gleichzeitig gesehen werden, wobei zur selben Zeit die Unterschiedenheit aller Erscheinungsformen gewahrt bleibt.

In den Lehren des Buddha werden Beispiele wie Traum, optische Täuschung und Zauberei benutzt, um die illusorische Natur unserer Erfahrung hervorzuheben. Anfangs ist dies nur durch logische Begründung und andere konzeptuelle Prozesse verständlich. Der Bodhisattva jedoch, der sich auf der achten und neunten Stufe befindet, hat durch seine Fähigkeit, sich selbst in den illusionsgleichen Samadhi zu versenken, eine viel tiefere Verwirklichung der wahren Natur der Illusion. Diese direkte Verwirklichung befähigt ihn, sich selbst aus den engen Grenzen des unmittelbaren Geistes zu befreien. Begrenztes enges Bewusstsein meint, dass unser Arm, wenn wir ihn strecken, nicht die Decke berühren wird. Unser Handeln ist auf die Vorstellung beschränkt, dass unser Arm kurz ist und die Decke weit außer Reichweite liegt. Das Freisein von solchen Vorstellungen, nicht simple Magie, befähigte Milarepa durch solide Wände zu gehen. Die Wand ist eine Illusion, und da er dies vollkommen verstand, stellte sie für ihn beim Hindurchgehen kein Hindernis dar.

Die ursprüngliche Weisheit der Unterscheidung beginnt sich auf der achten Bodhisattvastufe zu zeigen, ist aber mehr mit der neunten Stufe verbunden. Allerdings, wie bei all den anderen Arten ursprünglicher Weisheit, wird die ursprüngliche Weisheit der Unterschiedenheit erst voll wirksam, wenn durch die Vajra-gleiche Sammlung das verwirrte Allem-zugrundeliegende-Bewusstsein in Spiegelgleiche Weisheit transformiert wird. Gewahrsein der Unterschiedenheit ist das gleichzeitige Erkennen aller Erscheinungsformen in ihrer ihnen eigenen Individualität – klar und deutlich ohne ein Verschmelzen oder Vermischen.

Die zwei gerade erklärten Arten ursprünglicher Weisheit der Gleichheit und der Unterschiedenheit bilden zusammen den Sambhogakaya oder Freudenkörper der Buddhas. Der Sambhogakaya ist die Form der Buddhas, die sich in reinen Bereichen manifestiert, wo Bodhisattvas mit ausreichend gereinigtem Geist geboren werden. Diese Bodhisattvas sind reiner als ein menschliches Wesen, genauso wie ein Mensch zum Beispiel reiner als ein Hund ist. Ihre Reinheit ermöglicht es ihnen, aus der sonst unzugänglichen Bodhisattva-Aktivität der Buddhas Nutzen zu ziehen.

Hat der Bodhisattva einmal die Verwirrung emotionaler Trübung durch das Samadhi heldenhaften Fortschritts aufgelöst, erscheint an seiner Stelle die Weisheit der Gleichheit. Diese öffnet sozusagen einen von Verwirrung freien Wirkungsbereich für die Weisheit der Unterschiedenheit, welches dann reine Bereiche ausstrahlen kann, wo Wesen wiedergeboren werden können, die zuvor entsprechende positive Handlungen angesammelt haben. In diesen reinen Gefilden können sie die Unterweisungen des Großen Fahrzeugs hören und so schnell zum vollkommenen Erwachen voranschreiten.

In unserer Welt gibt es im Vergleich zu den Höllen- und Tierbereichen relativ wenig Leid. Als Menschen haben wir die Möglichkeit, die Lehren des Buddha zu hören und sie in der Praxis anzuwenden, so dass wir Erleuchtung erlangen können, was beinhaltet, dass wir bereits viele positive Handlungen angesammelt haben müssen, die jetzt herangereift sind, um diese äußerst günstige Wiedergeburt zu schaffen. Aufgrund von Unwissenheit aber verbringen wir unsere meiste Zeit mit negativen Handlungen, die zu gänzlich ungünstigen Wiedergeburten führen würden, gäbe es nicht die mitfühlende Aktivität der Buddhas und Bodhisattvas, welche die richtigen Bedingungen für spirituellen Fortschritt schaffen kann. Dank der Umwandlung der emotional getrübten und unmittelbaren geistigen Fähigkeit (des siebten Bewusstseins), die jetzt als ursprüngliche Weisheit der Gleichheit und Unterschiedenheit wirksam ist, können sie sogar reine Bereiche wie das glückselige Gefilde von Buddha Amitabha erschaffen, wo Wesen mit entsprechendem Potential wiedergeboren werden können. Solche Gefilde gehören immer noch zum illusorischen Bereich relativer Wirklichkeit, aber sie sind den unreinen Welten der sechs Daseinsbereiche weit überlegen.

Alles-vollendende-Weisheit

Die Transformation der fünf Aspekte des Sinnesbewusstseins beginnt bereits vom allerersten Augenblick an, wo auf dem Pfad des Sehens ursprüngliche Weisheit gesehen wird. Doch erst im Vajra-gleichen Samadhi sind sie in ihrer Kapazität voll herangereift und werden zur ursprünglichen Weisheit, die Aufgaben erfüllt. Ursprüngliche Weisheit in einem Buddha bedeutet, dass er frei ist, Welten aus den fünf Elementen zu erschaffen, in der Welt als ein historischer Buddha zu erscheinen – so wie es Buddha Shakyamuni tat – die Wesen dort zu unterweisen und ihnen zu zeigen, wie sie zum Erwachen gelangen. Dies ist die Aktivität des Nirmanakaya, des Ausstrahlungskörpers des Buddha. Allerdings kann der Bodhisattva bereits vorher sein reif werdendes Aufgaben erfüllendes Gewahrsein, bzw. seine alles-vollendende-Weisheit nutzen, um unreinen Wesen günstige Bedingungen für gutes Handeln zu schaffen, damit sie positive Neigungen ansammeln können, die schließlich zu einer Wiedergeburt in einer Welt und Zeit führen, wo der Nirmanakaya erscheint.

Buddhas und Bodhisattvas haben eine unermessliche Anzahl von tiefen Kontemplationen gemeistert. Eine von diesen ist die Kontemplation liebender Güte. Die Macht solcher Sammlung kann spontan liebende Güte in einem Vogel oder einem Insekt wecken, das zufällig in der Nähe ist, und so einen Samen säen, der später für jenes Wesen zu einer besseren Wiedergeburt heranreift, wo mehr positive Handlungen angesammelt und Fortschritte zur Erleuchtung gemacht werden können. Die zum Beispiel von dem Vogel erfahrene liebende Güte ist eine natürliche Qualität seines eigenen Geistes, doch braucht er den äußeren Einfluss durch die Sammlung des Buddha, damit sie wachgerufen und ein positiver Same gesät wird. In solcher Weise verwenden Buddhas und Bodhisattvas ihre Aufgaben erfüllende Weisheit, um Situationen und Umstände zu schaffen, in denen alle Arten von fühlenden Wesen einige Augenblicke erfahren können, wo die Schleier sich lüften und sie ein paar Schritte auf dem Weg zum Erwachen vorankommen.

Dharmadatu Weisheit oder Weisheit des Raumes der Phänomene

Die Buddhas haben einen weiteren Körper oder eine weitere Seinsweise, die Svabhavikakaya oder Essenzkörper genannt wird, weil er die essentielle Natur der anderen Drei Körper und der bereits erwähnten vier Arten ursprünglicher Weisheit ist. Zu ihm gehört die ursprüngliche Weisheit des dynamischen Raumes der Phänomene, welches die Leerheit aller objektbezogenen Bewusstseinsarten verbunden mit ursprünglicher Weisheit bedeutet. Sind alle diese Aspekte der Transformation vollständig, so besitzt der voll erleuchtete Buddha die vier Körper und die fünf Arten ursprünglicher Weisheit, die ihnen entsprechen.

Zusammenfassend: Wenn die wahre Essenz des Allem -zugrundeliegenden-Bewusstseins unerkannt bleibt, wird der

Geist von Emotion getrübt und identifiziert als Folge davon das Allem-zugrundliegende-Bewusstsein mit einem Selbst, das als verschieden von »anderem« aufgefasst wird. Das getrübte unmittelbare Bewusstsein interpretiert die über die Sinnesvermögen empfangenen Informationen auf dualistische Weise und lässt konzeptuelle Prozesse entstehen, welche die wirkliche Existenz von äußeren wie inneren Objekten des Wissens voraussetzen. Diese Mutmaßungen regieren das Handeln, das dann dem Gesetz von Ursache und Wirkung unterliegt und unweigerlich Leid in der einen oder anderen Form produziert. Solch eine Welt gründet in Verwirrung.

Wenn man hingegen das Allem-zugrundeliegende-Bewusstsein als Buddhanatur erkennt, wird der emotional getrübte Aspekt des Bewusstseins in die ursprüngliche Weisheit der Gleichheit, sein unmittelbarer oder augenblicklicher Aspekt in die ursprüngliche Weisheit der Unterschiedenheit und das Bewusstsein der fünf Sinne in die Aufgaben erfüllende ursprüngliche Weisheit transformiert. Dank der Vajra-gleichen geistigen Sammlung wird das Allem-zugrundeliegende-Bewusstsein selbst völlig in die spiegelgleiche ursprüngliche Weisheit umgewandelt.

Der jetzt verwirklichte Buddha verwirklicht den Dharmakaya, und aus diesem wiederum erscheinen Sambhogakaya und Nirmanakaya. Der Buddha ist imstande, spontan zum Wohle aller Lebewesen zu handeln, sei es in reinen oder unreinen Bereichen, während er die ganze Zeit in der essentiellen Einheit dieser drei Körper, dem Svabhavikakaya, verweilt und die ursprüngliche Weisheit des dynamischen Raumes der Phänomene erfährt.

Unsere gegenwärtigen Erfahrungen rühren von der Verwirrung her. Wir können für uns selbst die verschiedenen Beteiligten erkennen. Das Allem-zugrundeliegende-Bewusstsein ist das, was sich selbst dann fortsetzt, wenn wir bewusstlos werden oder in einem tiefen traumlosen Schlaf sind. Diese Kontinuität befähigt uns zu erinnern, wer wir sind, wenn wir das Bewusstsein wieder erlangen oder wieder aufwachen, trotz der Tatsache, dass die anderen sieben Arten objektbezogenen Bewusstseins zeitweilig aufgehört hatten zu funktionieren. Das Wirken unserer fünf Sinne kann leicht beobachtet werden und mit ein wenig mehr Sorgfalt und Aufmerksamkeit können wir das Geist-Bewusstsein und das emotional getrübte Bewusstsein am Werke sehen. Der unmittelbare oder augenblickliche Aspekt des Bewusstseins ist schwieriger zu erkennen, aber selbst dies ist möglich, wenn wir unseren Geist beruhigen und stabilisieren können.

Die verschiedenen Arten ursprünglicher Weisheit können wir erst dann erkennen, wenn wir eine direkte Erfahrung von ihnen machen. Bleibt der Geist in seinem Wirken verwirrt, können wir höchstens eine vage Vorstellung von ihnen haben, die nur bruchstückhaft und daher falsch ist. Solange die geistigen Vorgänge sich nicht zu läutern beginnen, ist falsches Verstehen die einzige Möglichkeit. Vielleicht kennen Sie aus Buddhas Unterweisungen das berühmte Beispiel von den blinden Menschen und dem Elefanten. Keiner der Blinden konnte sich mit einem anderen auf eine genaue Beschreibung des Elefanten einigen, weil eben niemand von ihnen jemals einen gesehen hatte. Sie konnten nur aus ihrer eigenen beschränkten unmittelbaren Erfahrung heraus urteilen, die unterschiedlich ausfiel, je nachdem welchen Teil des Elefanten sie berührten. Der Mensch an einem Elefantenbein definierte den Elefanten als dick und stämmig wie einen Baumstamm; der Mensch, der das Ohr berührte, sprach von ihm als einem weichen Blatt; der Mensch, der dem Rüssel am nächsten war, bestand darauf, dass er lang, schlank und beweglich sei. Niemand von ihnen lag falsch, doch keiner von ihnen lag völlig richtig und darum konnten sie keine Übereinstimmung finden. Wir befinden uns ganz genau in derselben Lage hinsichtlich der verschiedenen Arten ursprünglicher Weisheit. Bis zum Erreichen der Buddhaschaft, wo unsere Augen geöffnet sind, können wir eine Vorstellung von ihnen haben, aber sie wird niemals völlig richtig sein.

Unsere Aufgabe ist es, die Fähigkeit der Geistesruhe zu entwickeln, die wahre Natur des Geistes zu ergründen und schließlich in die verschiedenen geistigen Sammlungen einzutauchen. Gleichzeitig müssen wir die Schleier in unserem Erleben durch positives Handeln auflösen, wobei die machtvollste positive Handlung die Entwicklung von liebender Güte und Mitgefühl ist. Sie sind die besten Mittel gegen Ichanhaftung. Eine unerlässliche Hilfe in diesem Läuterungsprozess ist freudige Ausdauer. Durch sie werden wir imstande sein, die verschiedenen Stufen des Weges bis zur Erkenntnis unserer eigenen Buddhanatur Schritt für Schritt zu durchlaufen.

Ganz gleich wie oft sie gewaschen wird, Kohle wird immer schwarz bleiben. Wir aber sind nicht wie Kohle. Ursprüngliche Weisheit ist der fundamentalste Aspekt unseres Seins, vergleichbar einem Glas, wo nur der Staub abgewaschen werden muss, damit seine kristallklare Reinheit offenbar wird.

Die Praxis der Meditation

Wenn wir zeitloses oder ursprüngliches Gewahrsein realisieren wollen, müssen wir meditieren. Womit meditieren wir? Mit unserem Geist. Unser Geist besitzt seit jeher die Buddhanatur. Es gibt keinen Augenblick, wo sie jemals fehlte. Aufgrund unserer Zerstreutheit jedoch sind wir ihrer nicht gewahr und überzeugt, dass Buddhaschaft sehr weit weg ist und machen so den größten Fehler unseres Lebens. Der Geist, der sich selbst nicht kennt, hält sich für etwas, das er nicht ist, und äußere Projektionen erscheinen in vielfacher Gestalt. Dieser Vorgang gleicht dem des Traumes, wo man in einem kleinen Zimmer schlafen und doch von sehr vielen Menschen und Orten träumen kann. Und eben solange, wie der Traum währt, bleibt man in seiner illusionären Welt gefangen. Genauso verhält es sich mit dem Kreislauf der Geburten und Tode, die wir erleben, nur der erlebte Zeitraum ist erheblich länger.

Was geschieht wirklich im Augenblick des Todes? Tod ist nichts anderes als ein Wandel der Illusion. Zur Zeit befinden wir uns in einer menschlichen Illusion und kommunizieren mit anderen, die von derselben Art sind und unsere Illusion teilen. Sobald die treibende Kraft der Handlungen, die unsere gegenwärtige Illusion verursacht hat, aufgebraucht ist, löst sie sich auf und man ist tot. Wenn sich die Illusion eines Menschen auflöst, erscheint er den anderen in seinem Umfeld als tot, weil seine Illusion vor der ihren verschwunden ist. Aber in Wirklichkeit ist er nicht gestorben, sondern in eine Illusion hinübergegangen, die von der vorigen verschieden ist, und kann deshalb nicht mehr mit den Wesen jener Illusion kommunizieren, die er verlassen hat.

Die äußere Wirklichkeit ist Geist und nicht etwas anderes. Es ist wie bei Wasser und Eis: Bei Kälte gefriert das Wasser und wird zu festem Eis, das bei Erwärmung wiederum zu Wasser wird. Das gleiche gilt für den Geist im Bann der Illusion: Seine Erscheinungswelt ist nichts anderes als er selbst und besitzt überhaupt keine Festigkeit, doch durch den Zauber der Illusion erscheint sie ihm als fest und wirklich. Wir können sehen, dass im Traum genau dasselbe geschieht.

Wenn der Geist geklärt ist, klärt sich auch seine Illusion, und seine natürlichen Qualitäten können sich zeigen. Das Vollenden dieses Klärungsvorgangs nennen wir Buddhaschaft. Sind wir noch auf dem Wege zur Erleuchtung, so sprechen wir von den fünf Pfaden und zehn Bodhisattva Stufen. Die Klärung und Läuterung des Geistes vollzieht sich mittels zweier Formen der Praxis, durch Meditation und durch Ansammlung-Reinigung. Diese zwei Formen entsprechen zwei Phasen der Praxis: Meditation geschieht in Stille und Ansammlung-Reinigung eher außerhalb der Meditationszeiten.

Geist im Jetzt

Gegenwärtig hat unser Geist eine fest verwurzelte Tendenz zur Zerstreuung und springt in alle Richtungen. Er interessiert sich hauptsächlich dafür, die Informationen zu organisieren und auszuwerten, die ihm die Sinne aus der äußeren Welt zutragen. Das ist seine Gewohnheit. Wir müssen lernen, den Geist aus seiner Abhängigkeit von Informationen zu befreien, was bedeutet, ihn in sich selbst zu sammeln – so wie er wirklich ist, wenn er mit überhaupt keinem Objekt verbunden ist. Dies ist die beste Weise den Geist zu zähmen und soll uns das gelingen, müssen wir es uns zur Gewohnheit machen.

Was ist der unabhängige Geist? Seinem Wesen nach ist er nichts als solches. Er hat weder Form, Gestalt noch Farbe etc. Er ist das, was wir »Leerheit« nennen. Trotzdem ist er weit davon entfernt, einfach leer zu sein, sondern besitzt auch Gewahrsein, eine Eigenschaft, die man in der hergebrachten Terminologie mit dem Begriff »Klarheit« beschreibt. Wenn wir dies tatsächlich in der Meditation erfahren, werden wir entdecken, dass der Geist viel mehr ist als bloße Worte. Von unermesslicher Tiefe, erstreckt er sich weit jenseits dessen, was man über ihn sagen kann.

Beim ersten Versuch, den Geist direkt zu befreien, wird man noch überhaupt keine Erfahrung seiner Klarheit machen. Dies liegt an der Stärke der angesammelten Gewohnheiten. Wir müssen Energie aufbringen, um den Geist frei von Zerstreuung zu halten. Und wenn wir merken, dass der Geist sich doch zerstreut hat, bringen wir ihn mit Bedacht zu einem Zustand der Nicht-Zerstreuung zurück. Ist man einmal damit vertraut, wird der Geist während der Meditation klarer sein. Diese Klarheit stabilisiert sich, und es ist unsere Aufgabe, die Geschicklichkeit in dieser Stabilität zu vervollkommnen. Die Stufen, die wir beim Fortschreiten zu vollkommener Stabilität durchlaufen, werden als die fünf Pfade und zehn Bodhisattva-Stufen beschrieben, die schließlich in die Buddhaschaft münden. Die fünf Pfade gehören noch zum Daseinskreislauf, aber auf einem sehr hohen Niveau. Wenn unsere Geschicklichkeit sehr verfeinert ist, erreichen wir die Bodhisattva-Stufen, die wir bis zur zehnten durchlaufen. Wenn unser Geschick ganz vervollkommnet ist und nicht mehr verbessert werden kann, so ist dies die Buddhaschaft. Die fünf Pfade und zehn Bodhisattva-Stufen stellen einen Maßstab der Verwirklichung dar. Sie werden wie jedes klassische Thema des Dharma detailliert beschrieben, sind aber vom Gesichtspunkt wirklicher Erfahrung aus unfassbar.

Die Buddhisten sagen: »Der wahre Geist ist unfassbar.« Aber dies ist in gewissem Sinne nur wahr, wenn man nicht meditiert. In der Meditation können wir die wahre Natur des Geistes erkennen. Wir müssen uns dafür auf eine stufenweise Methode stützen, denn sonst wären wir niemals imstande, unsere Meditation zur Vollendung zu bringen. Heutzutage haben die Menschen viel Ehrgeiz aber wenig Geduld, und obendrein sind sie sehr unzufrieden. Sie suchen nach einer Möglichkeit ihre Unzufriedenheit zu heilen, aber die Methode muss leicht sein, weil sie nicht genug Geduld besitzen, um etwas auszuprobieren, das von ihnen eine länger währende Anstrengung erfordert.

Vor einigen Jahren beklagten sich tibetische Anwohner beim Generalsekretär des Klosters Rumtek über einen neuen Arzt. Als diese Klagen so häufig wurden, dass er sie nicht mehr ignorieren konnte, befragte er die Leute, um wirklich herauszufinden, was mit diesem neuen Doktor nicht in Ordnung war, und bekam zur Antwort: »Er hört nicht auf uns vorzuschreiben, dass wir dies oder das nicht essen und dies oder das nicht tun sollen, und das gefällt uns nicht.« Diese Leute sind immer noch krank!

Viele interessieren sich für Praxismethoden, die schnell Ergebnisse bringen und gar augenblickliche Erleuchtung versprechen. Dies mag mutig scheinen, ist aber wohl eher ein Ausdruck von Stolz. Möglicherweise versprechen sich solche Leute, dass man sie für fortgeschrittene Praktizierende hält, wenn sie von sich sagen können, dass sie diese fortgeschrittenen Übungen machen.

In Nepal wurde vor einiger Zeit ein langer Unterweisungszyklus über die schrittweisen Stufen des Mahamudra gegeben. Unter den Teilnehmern befand sich ein junger Amerikaner, der dem Kurs mit Hingabe folgte und gut meditierte – bis zu dem Tag, wo er von einer Methode hörte, die Maha Ati (Dzogtschen) heißt und von der man sagt, dass sie in vierundzwanzig Stunden zur Buddhaschaft führt. Die Texte dieser Tradition sagen: »Meditiere den Weg des Maha Ati am Morgen und du wirst Buddha am Abend, meditiere diese Methode am Abend und du wirst Buddha am nächsten Morgen.« Er befand, dass Mahamudra zu systematisch sei, gab es auf und machte sich daran, der ihm wirkungsvoller scheinenden Unterweisung des Maha Ati zu folgen. Jegliche formelle Meditation lehnte er ab, verbrachte seine Zeit von da an hauptsächlich mit Motorradfahrten in der Umgebung von Kathmandu und war überzeugt davon, jetzt, da er die Meditation des Maha Ati machte, fein heraus zu sein.

Es ist so leicht, sich zu sagen »Ich bin befreit«, und es auch noch wirklich zu glauben, aber es ist weiter nichts als Einbildung. Eine solche Verwirrung ist sehr schwer zu durchbrechen: Man weiß im Grunde seines Herzens, dass man nicht erleuchtet ist und beharrt doch auf dieser lächerlichen Vorstellung, die – viel schwerwiegender als unser gewöhnlicher Egoismus – einem Dämon gleicht, der sich in unserem Geist eingenistet hat.

Mahamudra und Maha Ati sind alle beide imstande, augenblicklich zur Erleuchtung zu führen, aber alles hängt von uns selbst und unserem Handeln in der Vergangenheit ab. Milarepa hat zwölf Jahre dafür gebraucht, Gampopa achtzehn Tage und Tsangpa Gyare drei Tage. Es ist unnötig, sich darüber zu sorgen, ob die Praxis selbst die notwendige Kraft besitzt. Wenn man richtig praktiziert, kommt die Erleuchtung von selbst. Wie lange dies braucht, hängt davon ab, wie lange wir brauchen.

Man kann natürlich fortgeschrittene Übungen praktizieren, aber man sollte sie mit dem richtigen Verständnis anwenden. Mut und viel Energie braucht man dafür, doch keinen Stolz. Wer weiß? Vielleicht schaffen Sie es in weniger als drei Tagen! Doch einfach zu behaupten, dass man befreit ist, macht es noch nicht wahr. Es sind nur Worte und nichts hat sich wirklich geändert. Dies ist naiv und unreif. Wir sollten echte Verwirklichung suchen.

Geistige Ruhe

Die Körperhaltung

Die erste Stufe der Meditation besteht darin, den Geist still werden zu lassen, so dass wir klarer sehen können, was er eigentlich tut. Dabei ist unsere Köperhaltung von größter Wichtigkeit. Eine falsche Haltung kann manche Risiken oder Gefahren mit sich bringen. Wenn wir beim Meditieren nach links oder rechts, hinten oder vorn neigen, so hat dies immer Auswirkungen, die sich in unserem Geisteszustand zeigen und uns die Ausgeglichenheit verlieren lassen.

Die ideale Haltung wird »Sieben Punkte Haltung des Vairocana« genannt, und wenn wir regelmäßig meditieren wollen, müssen wir unseren Körper schrittweise darin üben, bis wir in dieser Haltung für die Dauer einer Sitzung verweilen können. Hier nun die Auflistung dieser sieben Punkte und der Auswirkungen, die sie auf den Geist haben, wie sie im »Ozean des Wahren Sinnes« vom Neunten Karmapa beschrieben werden.

1. Die Beine sind in der vollen Lotushaltung gekreuzt, auf die sich die tibetischen buddhistischen Texte als Vajra-Haltung beziehen, da sie unzerstörbares Gleichgewicht symbolisiert. Dies beruhigt jene subtile Energie im Körper, die das Auftauchen von Neid im Geist begünstigt.
2. Die Hände werden Seite an Seite auf die Oberschenkel

gelegt. Das begünstigt das Befrieden der subtilen Energie, die mit der Emotion der Wut verbunden ist.

3. Die Schultern sind ausgebreitet wie die Flügel eines Geiers, was heißt sie sind nach oben und zu den Seiten gestreckt, weder nach vorn gebeugt noch nach hinten gezogen.
4. Der Nacken ist gebogen wie ein Haken, das Kinn gegen den Kehlkopf gedrückt. Dies bedeutet, dass man das Kinn zur Kehle hin einziehen und beim Einnehmen der Meditationshaltung darauf achten soll, den Kopf weder nach vorn zu neigen noch nach hinten zu werfen. Das unterbindet das Wirken der subtilen Energie im Geist, die mit Begierde-Anhaftung verbunden ist.
5. Die Wirbelsäule ist gestreckt wie ein Pfeil. Dies heißt, dass man sein Schwerpunktzentrum neu ausrichtet, indem man den Körper von der Gürtellinie an sanft nach hinten bewegt und gleichzeitig den Bauch nach vorne bringt. Zusammen mit der in Punkt drei beschriebenen Schulterhaltung dient dies der Beruhigung der subtilen Energie, durch die sich geistige Dumpfheit bemerkbar macht.
6. Die Augen schauen ohne Anspannung auf einen ungefähr vier Fingerbreit vor der Nasenspitze liegenden Punkt im Raum.
7. Die Lippen berühren einander leicht und so bleibt zwischen den Zähnen des Unter- und Oberkiefers ein kleiner Spalt, die Zunge ruht entspannt am Gaumen. Punkt sechs und sieben beruhigen die subtile Energie, die mit Stolz verbunden ist, und lassen den Geist zugleich leuchtend und klar sein.

Bitten Sie einen qualifizierten und erfahrenen Lehrer darum, Ihre Haltung zu kontrollieren, bis Sie sich sicher sind, dass sie richtig ist. Die Zirkulation der subtilen Energien im Körper ist sehr sensibel und man muss sorgfältig darauf achten, dass sie nicht den Geist der meditierenden Person beeinflusst, die ja versucht Unzerstreutheit und Klarheit zu kultivieren.

Meditation auf einen Gegenstand als Bezugspunkt

Zuerst muss man den Geist darin üben, bei einem einzigen Bezugspunkt zu verweilen. Bis jetzt hat der Geist sich auf viele Dinge bezogen, die er sehr schnell hintereinander projiziert und die umherwirbeln wie vom Wind aufgewehte Sandkörner. Versuchen Sie den zerstreuten Geist auf einen Punkt zu sammeln. Lassen Sie ihn, statt an viele Dinge auf einmal, zur Abwechslung nur an eine einzige Sache denken. Wir trainieren ihn darin, indem wir ihn auf einem beliebigen Gegenstand verweilen lassen. Anfangs gelingt uns dies nur wenige Augenblicke lang und dann merken wir, dass der Geist schon wieder zerstreut ist. Warum? Weil er daran gewöhnt ist, viel zu denken. Die Sammlung auf einem Gegenstand ist seinem gewohnten Tun genau entgegengesetzt, und wir müssen ihm helfen, neue Gewohnheiten zu entwickeln.

Benützen Sie zum Beispiel ein mit klarem Wasser gefülltes Glas oder eine Kerze als Meditationsgegenstand. Die

Kerze sollte nicht zu hell brennen. Statt direkt in die Flamme zu schauen, stellen Sie die Kerze eher hinter ihre rechte oder linke Schulter und vor sich einen Spiegel und meditieren auf das Spiegelbild der Flamme. Wenn Sie ein Glas benutzen, stellen Sie es so, dass zwar Tageslicht, aber nicht die Sonne darauf fällt. Dann werden die Augen nicht ermüden. Die Klarheit solcher Objekte hilft dem Geist, so dass er nicht so leicht in Dumpfheit fällt. Richten Sie den Geist darauf und sammeln Sie ihn dort. Und jedes Mal wenn Ihnen bewusst wird, dass Sie vom Gegenstand abgelenkt und zerstreut waren, bringen Sie den Geist auf diesen einen Punkt zurück. Manchmal mögen einige Minuten verstreichen, bevor Sie es bemerken und ihn zurückholen. Sorgen Sie sich nicht, fahren Sie einfach mit der Meditation fort und verlängern Sie so allmählich die Zeit, die Sie gesammelt auf dem Gegenstand verweilen. Der Schlüssel zu dieser Praxis liegt darin, dass man sich mit seinem ganzen Gewahrsein auf das Objekt sammelt. Genau dies und nicht das Objekt als solches verringert die Gedanken. Es geht nicht darum, die Eigenschaften des Gegenstandes wie das Licht oder die Farbe der Kerze etc. zu beobachten. Der Bezugspunkt selber hat überhaupt keine Bedeutung, sondern ist nur Mittel zur Sammlung des Geistes und nicht mehr von Interesse, sobald diese Sammlung erreicht ist.

Manche Leute möchten gern besondere Eindrücke, Schwingungen, Empfindungen oder Energien haben, wenn sie diese Meditation ausüben. Doch das sind nur Einbildungen ihres Geistes. Das Meditationsobjekt soll nur helfen, den Geist zu sammeln – frei von exotischer Effekthascherei. Wenn dann allmählich die zerstreuten Gedanken nachlassen, wird der Geist immer länger auf einem einzigen Bezugspunkt verweilen können.

Meditation mit Liebe und Mitgefühl als Bezugspunkt

Wenn man Liebe und Mitgefühl als Bezugspunkte für die Sammlung des Geistes nimmt, erntet man zweifachen Nutzen. Wie bei der Sammlung auf Kerze und Glas, wird der Geist friedvoll und stabil. Und wenn der Geist still geworden ist, identifiziert er sich mit dem Objekt, und so bietet sich uns die besondere Gelegenheit, ihn wirklich in Liebe und Mitgefühl umzuwandeln. Im Allgemeinen sind wir nicht gleich imstande, allen Wesen gegenüber Liebe und Mitgefühl zu entwickeln. Gewiss empfinden wir Liebe, aber sie beschränkt sich auf einige wenige Menschen, wie die Liebe zu unserer Freundin, unserem Freund oder unseren Eltern. Wir brauchen eine Methode, mit der wir diese Liebe immer größer und weiter machen können, bis sie alle Wesen ohne Unterschied umfasst. Und die Verwendung von Liebe und Mitgefühl als Objekt geistiger Sammlung ist genau diese Methode.

Ein fühlendes Wesen ist ein Wesen, das einen Geist besitzt. Die buddhistische Logik liefert den Beweis, dass in allen fühlenden Wesen – von den Menschen bis zu den Mücken und selbst den Höllenwesen – die Natur des Geistes dieselbe ist. Es besteht ein Unterschied zwischen Leben und fühlendem Leben. Leben wächst – ein Baum zum Beispiel – aber besitzt keinen Geist. Fühlendes Leben ist Leben mit einem Geist. Eine Blume kann nicht die Buddhaschaft erlangen, denn sie hat keinen Geist. Eine Mücke kann dies, trotz ihrer gegenwärtigen unglücklichen Lage.

Alle fühlenden Wesen teilen denselben Wunsch, glücklich und frei von Leid zu sein, und wir sollten ihnen allen gegenüber unparteiisch Liebe und Mitgefühl entwickeln. Wir müssen damit beginnen, Liebe und Mitgefühl in unserem Geist zu empfinden. Das Beste ist, einen natürlich liebevollen Geist zu haben. Ist dies der Fall, kommt es von früheren Gewohnheiten. Wenn dies jedoch nicht so ist, kann man ihn künstlich erzeugen. Zuerst braucht man eine bewusste Anstrengung, doch allmählich wird man durch die Inspiration, die aus den eigenen reinen Absichten entspringt, echte Liebe und echtes Mitgefühl empfinden.

Die Essenz der Liebe ist Freude. Entwickeln Sie eine Geisteshaltung, die von Liebe, Freude und dem Wunsch, anderen Gutes zu tun, erfüllt ist. Fühlen Sie dies in Ihrer Vorstellung gegenüber einer Gruppe aus ungefähr zehn Wesen, seien es Menschen oder Tiere. Seien Sie sich wirklich der Liebe bewusst. Dann vergrößern Sie die Anzahl und nehmen hundert, tausend, zehn und hundert Tausende Wesen. Stellen Sie sich diese vor und erweitern Sie unaufhörlich Ihre Liebe, bis sie alle fühlenden Wesen des Universums umfasst.

Wenn Sie dieses Gefühl der Liebe und Güte empfinden, dann verfahren Sie damit, wie mit dem Objekt zuvor und meditieren unzerstreut darauf. Jedes Mal, wenn der Geist an etwas anderes denkt, bringen Sie ihn zum Gedanken der Liebe und Güte zurück und sammeln ihn darauf. All Ihre Gedanken wandeln sich in die Natur der Liebe und der Anteilnahme. So trainieren Sie Ihr Geschick in Geistesruhe unter Verwendung von Liebe.

Machen Sie von Zeit zu Zeit dasselbe mit Mitgefühl. Mitgefühl ist beinahe das gleiche wie Liebe. Es bedeutet, an die Schwierigkeiten und Probleme aller fühlenden Wesen zu denken, und Gefühle zu hegen, wie man sie zum Beispiel empfindet, wenn die eigenen Kinder oder Eltern leiden. Aber es ist nichts trauriges dabei. Wenn man an die schrecklichen Leiden der fühlenden Wesen denkt, kann man leicht Mitgefühl im Geist entwickeln. Wie bei der Liebe sammelt man den Geist darauf und lässt es nicht zu, dass er sich zerstreut.

Wechseln Sie zwischen Liebe und Mitgefühl und entwickeln Sie beide stetig und ohne Eile. Wenn man sie zum Gegenstand der Meditation macht, wird man nicht nur die eigenen Gedanken befrieden, sondern auch eine große Menge an Gutem ansammeln.

Diese Liebe ist frei von Anhaftung. Es ist nicht die verrückte Leidenschaft des »Verliebtseins«. Die Essenz des Geistes ist leere, ungehinderte Klarheit, und selbst wenn er Liebe und Mitgefühl entwickelt, sollte sich der Geist sanft in seiner essentiellen Leerheit entspannen. Tut er dies nicht, werden Liebe und Mitgefühl emotionsgeladen, weil der Geist fixiert bleibt. Gemischt mit Emotionalität sind Liebe und Mitgefühl ungeschickt und können zu einem Durcheinander führen. Viele Menschen sind mit der leeren Eigenschaft des Geistes nicht vertraut, ihre Auffassung ist zu materialistisch. Halten Sie den Geist nicht für eine Maschine. Wahrhafte Liebe ist frei von Anspannung, sanft aber unermesslich.

Der Geist aller fühlenden Wesen ist in seiner Essenz derselbe wie der Ihre, nämlich leere ungehinderte Klarheit. Denken Sie also, dass alle fühlenden Wesen gleichzeitig mit Ihnen meditieren und gemeinsam mit Ihnen in Liebe aufgehen. Dies ist eine sehr kraftvolle Praxis, die umfassenden Nutzen und eine große Ansammlung von Verdienst bringt. Auf diese Weise schaffen Bodhisattvas Bedingungen für die spontane Entwicklung von Liebe im Geist der anderen. Teilen Sie Ihren liebenden Geist und lassen Sie alle dasselbe empfinden. Alle Wesen haben diesen liebenden Geist, aber wegen emotionaler Probleme erscheint er nicht oder wenn er es tut, dann bleibt er begrenzt und parteiisch, immer auf die dualistische Vorstellung von »ich und andere« fixiert. Richten Sie Ihren Geist darauf und machen Sie den Geist all dieser Wesen in ihrer Vorstellung so weit wie den Ihrigen.

Auf eine Kerze oder ein Glas zu meditieren oder sich in Liebe und Mitgefühl zu versenken sind einfach nur Techniken, mit denen man den Geist stabil macht. Sie sind noch nicht die wahre Meditation. Doch die Meisterung dieser Techniken ist für das Fortschreiten zur nächsten Stufe unerlässlich, weil der Geist durch ihre Anwendung wirklich lernt gesammelt zu verweilen. Möglicherweise müssen Sie sich längere Zeit darin üben bis Sie schließlich bereit sind, die eigentliche Praxis der Meditation in Angriff zu nehmen.

Dumpfheit und Erregung

Dumpfheit und Erregung sind in der Meditation die hauptsächlichen Hindernisse, die geistige Sammlung und tiefe Einsicht in die wahre Natur des Geistes unmöglich machen. Sie führen dazu, dass unsere bestehende Meditation zerstört und weiteres Vorankommen verhindert wird. Selbst wenn wir trotzdem einige Fortschritte machen, so schaden sie doch der Qualität unserer Meditation. Die Ursache für diese zwei Fehler findet man oft in unserem alltäglichen Verhalten, in den außerhalb der Meditationssitzungen angenommenen Gewohnheiten, die dazu führen, dass Dumpfheit oder Erregung auftauchen, sobald wir uns zum Meditieren niedersetzen.

Hier nun einige nützliche Vorschläge, wie man einen dumpfen, trüben Geist aufhellt. Begrenzen Sie die Zeit für große Mahlzeiten auf einen Zeitraum, der vom Tagesbeginn bis mittags ein Uhr reicht, und meiden Sie es, am Nachmittag oder am Abend noch größere Mengen zu essen. Essen Sie bis Sie das Gefühl haben, dass Ihr Magen dreiviertel voll ist und lassen Sie ein Viertel leer. Ihre Mahlzeiten sollten nicht zu reichhaltig und fett sein. Stehen Sie früh auf und gehen Sie früh schlafen. Schlafen Sie nicht zu viel. Sechs oder sieben Stunden reichen durchaus. Was darüber hinausgeht ist Anhaftung an Schlaf. Sie werden sehen, wenn Sie nicht so viel essen, dann brauchen Sie nicht so viel Schlaf. Halten Sie Ihre Sinne wach. Machen Sie es sich nicht zur Gewohnheit, übermäßig Alkohol zu trinken oder fernzusehen und so weiter, womit ich nicht meine, dass man nie etwas trinken oder nie fernsehen sollte, sondern einfach, dass es keine Sucht werden sollte. Wenn Sie eine Neigung zu Schläfrigkeit und Dumpfheit haben, meditieren Sie in einer weiten, offenen Landschaft, wie z. B. am Hang eines Berges.

Erregung ist eher das Problem des Westens, wohingegen Faulheit das des Ostens ist. Die Hauptursache von Erregung ist Sorge. Die Anhaftung des Geistes an Objekte, die Begierde und Ärger anstacheln, bewirkt Erregung. Daher sollte man lernen, sich zu entspannen und sich nicht an seine Projekte festzuklammern. Die Entwicklung von Gleichmut in der Shine-Praxis hilft dabei. Dynamik und Energie sind auch eine Form emotionalen Begehrens: Die Gefühle sind zu stark und man engagiert sich intensiv in bestimmten Aufgaben, so sehr, dass man unaufhörlich an sie denken muss und sie auch in der Meditation nicht loslassen kann. Dies heißt nicht, dass man nichts tun und sich nicht mehr für seine Arbeit interessieren sollte, wenn man sich dafür entschieden hat, Meditation zu praktizieren. Arbeiten Sie sorgfältig und aufmerksam, aber in entspannter Weise. Denn wenn Sie krampfhaft etwas festhalten, können Sie sich nicht wirklich erholen, und werden auch noch beim Meditieren davon gequält. Haften Sie nicht an Ihrer Meditation, aber praktizieren Sie ernsthaft.

Ein gutes Gegenmittel bei Erregung ist, über ihre Nachteile nachzudenken. Beginnen Sie, indem Sie eine Pause machen und sich ein wenig entspannen. Versuchen Sie dann, die Erregung einfach fallen zu lassen und zu meditieren. Wenn dies nicht geht, denken Sie bei sich selbst: »Warum denke ich soviel? Dies führt zu nichts, ich vergeude nur meine Zeit. Das einzige, was mir dadurch gelingt, ist mich selber von meiner täglichen Aufgabe des Meditierens abzuhalten. Warum habe ich mich zuerst entschieden zu meditieren? Weil ich gesehen habe, wie nützlich dies sein würde. Die Gründe, warum ich mich der Meditation verschrieben habe, sind richtig. Darum sollte ich mich ganz darauf konzentrieren und meine anderen Sorgen momentan beiseite lassen.« Solches Nachdenken ermutigt Sie, sich nicht länger zu sorgen.

Der Geist ist nichts Solides, Sie müssen ihn nicht packen und mit Gewalt zurückbringen. Wenn Sie Ihren Geist nicht davon abhalten können umherzuwandern, weil Sie zu sehr mit einer Angelegenheit beschäftigt sind, dann erlauben Sie sich einfach darüber nachzudenken. Aber erforschen Sie diese nicht schonungslos in ihrer ganzen Komplexität, sondern beschränken Sie Ihre Reflexion auf etwa fünf Aspekte, dann auf vier, drei, zwei, einen und lassen Sie schließlich die Angelegenheit völlig aus Ihrem Geist verschwinden.

Wenn Sie auf etwas mental stark fixiert sind, kann sich Ihr Geist nicht davon lösen. Entspannen Sie sich von allem, was Sie denken müssen. Regen Sie sich nicht über die Dinge auf. Versuchen Sie nicht, sie für sich festzuhalten. Wenn Sie traurig sind, schwelgen Sie nicht in Ihrer Traurigkeit und weinen unaufhörlich. Denken Sie vielmehr über die Vorteile eines ruhigen Geistes nach. Ein gesammelter Geist ist eine gute Basis für die Meditation. Erinnern Sie sich an diese Qualitäten, so werden Sie sich glücklich und inspiriert fühlen, begeistert von der Meditation, da Sie ihre Wichtigkeit und ihre Wohltaten erkennen. Ohne einen gesammelten Geist werden Sie niemals etwas verwirklichen.

Dumpfheit und Erregung erscheinen meistens bei Anfängern. Wenn einmal die Techniken der Meditation gut erlernt sind, verlieren diese beiden Fehler an Einflusskraft.

Aufmerksam und wach sein

Der wichtigste Punkt ist, dass der Geist sieht, ob er gesammelt oder zerstreut ist. Man muss aufmerksam sein, so dass man die Zerstreuung erkennt sobald sie auftritt. Aufmerksamkeit kann sogleich wahrnehmen, was vor sich geht. Dem folgt die wache Beobachtung, wo es sozusagen zwei Arten Geist gibt, nämlich den einen, der beobachtet, und den anderen, der beobachtet wird. Mit wacher Beobachtung bringt man den Geist dorthin zurück, wo er war, bevor er sich zerstreut hat. Seien Sie aufmerksam, damit Sie Schläfrigkeit, Ablenkung und Anspannung aufdecken und erinnern Sie sich, mit welchen Methoden man den Geist in einen Zustand der Klarheit und Helligkeit zurückbringt. Lernen Sie, sich allezeit Ihres Geistes gewahr zu sein, selbst wenn Sie nicht meditieren. Was macht Ihr Geist gerade?

Wenn Sie aufgrund Ihres starken Wunsches nach Stabilität in Ihrer Meditation zu rigide sind, kann das Objekt unklar werden oder schwanken. Dies hat keine Bedeutung, es ist einfach nur ein Sinken im Gewahrsein des Geistes. Wenn dies geschieht, entspannen Sie sogleich den Geist für eine kurze Zeit. Dies ist nur eine nervöse Reaktion auf die geistige Anspannung. Wie entspannt man den Geist? Es ist Ihr Geist und nur Sie allein können ihn entspannen. Aber entspannen Sie ihn nicht zu sehr, sonst überkommt Sie die Lust auf Schlaf.

Zahlreiche Objekte werden genannt, die man verwenden kann, um den Geist zu sammeln. Doch irgendeines genügt, um die gewünschte Wirkung zu erzielen. Wenn Sie beim Eintauchen in die Ruhe etwas Geschick erworben haben, können Sie sich mit verschiedenen Objekten vergnügen und sehen, welche unterschiedlichen Wirkungen ein jedes auf Ihren Geist in Meditation hat.

Meditieren Sie zu Anfang oft in kurzen Perioden von zehn Minuten, damit Sie der Meditation nicht überdrüssig werden. Häufig empfinden Anfänger Meditation zuerst als schwierig, da sie gegen eine Neigung zu Aufregung ankämpfen müssen. Sie werden dieses Stadium überwinden, indem Sie sich kurz aber häufig hinsetzen. Aber bleiben Sie dabei nicht stehen, verlängern Sie die Dauer allmählich, in dem Maße wie Sie sich an diese neue Tätigkeit gewöhnt haben, bis Sie schließlich tagelang meditieren können.

Allgemein sollten Sie lernen, sanft mit sich zu sein. Dies ist sehr nützlich bei der Verwirklichung von geistiger Ruhe. Zuerst ist da eine gewisse Anspannung, wenn Sie versuchen in jeder Sekunde gewahr zu sein, sich zu erinnern was man tun soll, wenn der Geist sich zerstreut, den Unterweisungen zu folgen etc. Entspannen Sie sich und seien Sie sanft, bescheiden und mitfühlend; haben Sie keinen hintertriebenen Geist und versuchen Sie nicht die Meditation für Ihr persönliches Vergnügen zu manipulieren.

Meditieren ohne Bezugspunkt

Wenn Sie mit den obigen Techniken vertraut sind, versuchen Sie den Geist frei und unabhängig ohne irgendeine mentale Stütze zu sammeln. Versuchen Sie es solange, bis Sie ein Ergebnis erzielen, geben Sie nicht vorzeitig auf. Sie werden wissen, ob Sie erfolgreich waren, wenn Ihr klarer Geist sich leicht und natürlich auf jedem gegebenen Objekt sammelt, ohne Schwierigkeit, frei von aller Dumpfheit und Erregung. Diese fundamentale Ruhe entwickelt sich dann immer weiter. Warum? Es gibt nichts mehr, das sie aufhält.

Werden Sie nicht nervös in Hinblick auf Ihre Meditation, die Früchte können nicht so schnell heranreifen. Und wenn es welche gibt, werden Sie nicht aufgeregt, denn diese Aufregung könnte das Ergebnis verderben.

Ohne stabilen Geist schafft man sehr leicht schlechtes Karma, und zwar aufgrund vergangener Ursachen und Bedingungen, die sich als negative Tendenzen zeigen. Doch wenn der Geist still geworden ist, verfügt er über eine wunderbare Fähigkeit zur Tugend, die stärker als all diese Tendenzen ist und sie besiegen kann. Mit diesem stillen, ruhigen Geist beginnt man die Praxis des Mahamudra, ohne ihn ist die Mahamudra Meditation nicht möglich.

Intuitive Einsicht

Das tibetische Wort für die Meditation der intuitiven Einsicht ist Lhagthong, was man wörtlich als tiefes Sehen übersetzen kann. In diesem Falle ist Sehen identisch mit Einsicht und hat nichts mit dem Sehen der Augen zu tun. Gewöhnlich ist alles, was wir kennen, vom Nebel unseres verwirrten Geistes verhüllt. Tiefes Sehen heißt von Unwissenheit freie Einsicht, denn es ist das zeitlose Gewahrsein des Geistes selber, das sieht.

Die Meditation der intuitiven Einsicht besteht darin, den Geist zu üben, sich in tieferer Weise zu erkennen. Diese Ebene des Geistes ist viel tiefer als die gewöhnliche Ebene, die normalerweise von den Menschen erlebt wird. Wenn der Geist zur vollkommenen Verwirklichung seiner wahren Natur gelangt, befreit er sich von seinen Neurosen. Der Geist gerät nicht mehr in die Falle der Täuschung, wo er alle Kontrolle über sich verliert. Die Arbeit der Meditation intuitiver Einsicht besteht darin, dass der Geist sich selbst und seine Muster hinterfragt. Intuitive Einsicht muss sich aber auf der Grundlage von geistiger Ruhe entwickeln, einem Zustand, wo weder Dumpfheit noch Erregung den Geist beeinflussen – ein klarer und gesammelter Geist.

Wenn man die Meditation der tiefen Einsicht praktiziert, untersucht man als erstes, was der Geist im Grunde ist. Die Objekte des Geistes haben keine aus sich heraus bestehende Wirklichkeit. Es ist der Geist, der ihnen aufgrund seiner innewohnenden Täuschung eine Wirklichkeit zuschreibt. Wie wird der Geist verwirrt? Im natürlichen Zustand gibt es keinerlei Verwirrung. Doch wenn dieser natürliche Zustand nach sich selbst zu greifen versucht – auch wenn dies genauso unmöglich ist, wie völlig unabhängig sein zu wollen – wird der Geist verwirrt und projiziert eine objektive Welt.

Die Projektionen des Geistes sind möglich, weil der Geist leer, leuchtend, ungehindert und offen ist. Wenn er seine wahre Natur erkennt, ist er nicht länger getäuscht. Die Klarheit des natürlichen Geistes erscheint als ursprüngliches Gewahrsein, und der Geist kann nun seine Erscheinungen meistern, statt sich von ihnen verwirren zu lassen. Wenn man erkennt, dass man träumt, kann man den Traum lenken, statt von ihm gelenkt zu werden.

Wir müssen zum ursprünglichen Gewahrsein zurückfinden, indem wir die grundlegende Wirklichkeit des Geistes untersuchen. Dies führt zu der Erkenntnis der Dinge, wie sie wirklich sind. Meistern wir die Projektionen unseres Geistes, so werden wir uns der Phänomene in all ihrer mannigfachen Vielfalt bewusst. Zuerst erkennen wir, wie der Geist von den Informationen, die er ständig erhält, beeinflusst und abgelenkt wird. Dafür müssen wir den Geist beruhigen, indem wir ihn im vollen Gewahrsein seiner selbst sammeln und versuchen, zwischen ihm und den Informationen, die er empfängt, zu unterscheiden. Wenn wir etwas hören, versuchen wir den Geist getrennt vom Klang, wenn wir etwas sehen, getrennt von der Form, wahrzunehmen und fragen uns »Was ist das?« Dann werden wir erkennen, dass der Geist wach, klar und gewahr ist, es aber nichts gibt, das als Objekt wahrgenommen wird. Der Geist ist leer und weit wie der Raum. Er ist auch friedvoll, denn all die geistige Erregung, die von den Informationen aus Objekten herrührt, wird überflüssig, wenn der Geist aus der Falle der Dualität befreit ist. Statt dessen finden wir einen Geist, der durchdringend, klar und weit ist.

Den Geist untersuchen

Die Körperhaltung und auch die Methoden, die uns helfen, Zerstreuung und Fehler in der Meditation zu vermeiden, sind dieselben wie in der Praxis der Geistesruhe. Wir untersuchen die Situation einsgerichtet, ohne abzuschweifen. Was wir gewöhnlich Geist nennen, ist eine ständige Abfolge von Gedanken, die nur unterbrochen wird, wenn wir bewusstlos werden oder in sehr tiefen Schlaf versinken. Ansonsten projiziert der Geist ohne Unterlass Ideen, die von äußeren Reizen abhängen – Geräuschen, visuellen Wahrnehmungen etc. – oder von inneren Erinnerungen. Und selbst die Erinnerungen sind aus Szenen, Gesprächen usw. gebildet, die alle auf frühere sinnliche Erfahrungen gründen. Alles, was wir denken, hängt also immer von etwas Äußerem ab. Zerstreuung ist der Geist, der nach diesen Informationen greift. Sich von Zerstreuung befreien heißt jedoch nicht, den Zustand der Bewusstlosigkeit nachzuahmen. Ein freier Geist ist ein natürlicher Geist, ein Geist, der sich selbst erfährt.

Ost und West haben eine leicht unterschiedliche Vorstellung von Wahrnehmung. Vom westlichen Standpunkt aus empfängt der Geist die Informationen, wohingegen die östliche Sicht ist, dass der Geist sich auf die Suche nach Information macht. Aber diese Differenz sollte in der Praxis der Meditation keinen großen Unterschied machen. Beide Standpunkte sagen, dass es eine Interaktion gibt und der Geist darin verwickelt ist. Keine Seite verneint dies.

Der Geist kann die Objekte nicht direkt erfassen. Es ist die Form oder Repräsentation des Objektes, die im Geist erscheint und vom Geist erkannt wird. Dieser Vorgang läuft sehr schnell ab. Während eines einfachen Fingerschnippens ziehen 61 Geistesmomente vorüber. Das ist die herkömmliche Definition der Geschwindigkeit des Geistes. Im ersten Augenblick der Wahrnehmung richtet sich der Geist auf das Objekt, im zweiten Moment erfasst er es und im dritten erscheint die Repräsentation oder das Abbild des Objektes im Geist – aber nicht das Objekt selber – und wird erkannt. Doch jeder Augenblick des Geistes ist flüchtig, es gibt nicht einen einzigartigen Geist, der stetig bleibt. Nehmen wir Sprechen als Beispiel. Wenn Sie sehen könnten, was ganz genau vor sich geht, würden Sie feststellen, dass sich bei jeder Veränderung der Stimme auch Ihr Geist verändert hat. Oder auf einer offensichtlicheren Ebene: Nehmen Sie wahr, wie Ihr Geist sich ändert, wenn er zwei unterschiedliche Stimmen hört. Der Geist, der sich auf die erste Stimme konzentriert und der Geist, der sich auf die zweite Stimme konzentriert, sind nicht derselbe Geist. Wenn Ihr Geist genau derselbe bliebe, könnte er überhaupt nicht auf die zwei unterschiedlichen Stimmen reagieren, es würde Ihnen den Kopf verdrehen. Der Geist ist in der Tat als Hörer anwesend, aber was ist der Geist ohne die Stimme? Der Geist, der die Stimme hört, kann nicht die Stimme SEIN, denn es ist Ihr Geist und die Stimme gehört einer anderen Person. Wie ist der Geist beschaffen, wenn er von der Stimme getrennt ist? Schauen Sie nach seiner Essenz, untersuchen Sie, wie er wirklich ist.

Wenn der Geist eine einzigartige Sache ist, wie stellt er es dann an, viele verschiedene Stimmen zu hören? Dreht er sich von einer Seite zur anderen, so wie man den Kopf wendet? Was macht er, wenn keine Stimme zu hören ist? Wenn die Stimme nicht länger da ist, was passiert dann mit dem Geist, der sie wahrnahm, als sie da war?

Sie haben einen Geist für jedes Wort, jede Silbe, jeden Buchstaben des Alphabets, für jede Komponente dieser komplexen Töne: Wenn diese Arten Geist nicht gebraucht werden, wo werden sie dann gelagert? Falls sie aufbewahrt werden und nur in Aktion treten, wenn die Situation es verlangt, wo befinden sie sich dann jetzt?

Die Stimme trifft den Geist, um gehört zu werden, aber wie kommt sie zum Geist? Sie denken an etwas oder nehmen etwas wahr: Was geschieht wirklich im Augenblick des Kontaktes? Ohne ein herkömmlich als Blume bekanntes äußeres Objekt wird die Vorstellung »Blume« nicht im Geist erscheinen. Wie entsteht die Beziehung zwischen dem Geist und seinem Gegenstand? Wie kommt die Blume in den Geist? Von wo geht der Geist aus, um die Blume zu treffen? Aus dem Auge, dem Gehirn, den Fingern?

Wenn die Information über das Objekt im Geist ankommt, sind dann die Essenz des Geistes und die Essenz des Objektes gleich oder verschieden? Augenscheinlich sind sie nicht gleich, denn der Gegenstand ist der Gegenstand und der Geist ist der Geist. Aber wie kann in solch einem Fall der Gegenstand im Geist erscheinen, wenn sie ihrem Wesen nach verschieden sind? Untersuchen Sie so die Sinneswahrnehmung von Form, Klang, Geruch, Geschmack und Berührung.

Gedanke ist Geist. Jeder Augenblick des Denkens ist ein Augenblick des Geistes. Denken ist das Tun des Geistes, sein Werk. Sind Gedanken und Geist dasselbe oder verschieden?

Vergleichen Sie drei mentale Momente: das Sehen einer Blume, das Sehen eines Mikrofons, das Sehen eines Buches. Sind sie ein und dasselbe oder verschieden? Der durch einen Kontakt hervorgerufene Gedanke mag »rot« sein, wohingegen der folgende Kontakt »schwarz« hervorrufen kann. Wie kann folglich der Kontakt derselbe sein. Er bliebe ja dann »rot«.

Geht zuerst der Geist aus und ergreift die Blume, kehrt dann zurück, um als nächstes das Mikrofon zu ergreifen, und geht dann noch einmal aus, um das Buch zu ergreifen? Oder ist der Fänger die ganze Zeit derselbe? Bleibt er draußen und greift die drei Objekte eines nach dem andern, indem er sie einsammelt und deponiert, ohne zwischenzeitlich zurückzukehren?

Wenn Sie meditieren, müssen Sie von Ihrer eigenen Erfahrung ausgehend herausfinden, wie der Geist wirklich ist. Wenn Sie ohne weiteres Hinterfragen denken, dass das Gehirn Ihr Geist ist, kann dies ein Hindernis in der Meditation darstellen. Wäre der Geist das Gehirn, so müsste in jedem Moment der Wahrnehmung das Gehirn den Körper verlassen, um den Gegenstand zu treffen, was sehr lustig aussehen würde. Das Gehirn ist stofflich, der Geist unstofflich, wie können sie identisch sein? Gehirn und Geist sind nicht identisch, auch wenn sie in enger Beziehung stehen, mehr als zum Beispiel die Finger und der Geist. Man könnte sagen, dass das Gehirn der Ort ist, wo der Geist »befruchtet« wird.

Dies alles ist einfach Logik, aber es kann nützlich sein, um einige unserer Postulate über die Wahrnehmung zum Einsturz zu bringen.

Lösen Sie den Geist in der Meditation von seinen informativen Kontakten und lassen Sie ihn in seinem natürlichen Zustand verweilen. Ruhen Sie gesammelt in dem Zustand, wo überhaupt kein »Geist« genanntes Objekt gefunden werden kann – frei von allen künstlichen Schöpfungen. Ein ungetrübter Geist ist ein Geist, der nicht in den Inhalt der Wahrnehmung verwickelt ist. Ein ungekünstelter Geist ist ein Geist, den man lässt wie er ist. Solch ein Geist wird sich selbst verwirklichen.

Spielen Sie so mit dem Geist bis Sie die Leerheit des Geistes finden: nichts als solches und dennoch lebendig und klar gewahr. Er ist nicht einfach leerer Raum.

Eben deshalb, weil der Geist nicht physisch oder stofflich ist, können wir soviel denken. Der Geist kann sich auf jede erdenkliche Zahl äußerer Stimuli beziehen. Wenn er tatsächlich eine stoffliche Existenz hätte, wäre er überhaupt nicht in der Lage all die aus der äußeren Welt kommenden Informationen aufzunehmen. Denken Sie an die Unmenge an Informationen, die er in einer einzigen knappen Stunde empfängt. Wo würden Sie all dies hintun? Dies ist nur möglich, weil der Geist leer von substantieller Existenz ist. Er ist auch gewahr, und eben weil er gewahr ist, kann er soviel wissen. Ein Geist ohne Gewahrsein kann nichts erkennen. Man beschreibt den Geist herkömmlich als leere und ungehinderte Klarheit. Das sind die Eigenschaften des Geistes. Leer heißt, wie wir eben gesehen haben, dass der Geist nicht in einem substanziellen, materiellen Sinn existiert. Klarheit bezieht sich auf den wissenden Geist, der alles wissen kann. Und anstelle von ungehindert könnte man auch weit sagen, was heißt, dass er alles umfassen kann. Diese ungehinderte Weite ermöglicht es dem Geist so kreativ zu sein. Kann der Geist nicht in seiner essentiellen Leerheit verweilen, ist dieselbe weite Klarheit die Grundlage dafür, dass sich die Illusionen, denen er dann verfällt, in solch komplexer und vielfältiger Weise manifestieren können. Der Geist folgt seinen eigenen Projektionen und verliert die Kontrolle über sich selbst. Statt autonom zu bleiben, wird er von seinen eigenen Informationen beherrscht.

Wir meditieren, um dem Geist die Herrschaft über sich selbst zurückzugeben, denn wenn er sich nicht in ein äußeres Objekt verwickelt, wird er nicht verwirrt. Augenblick für Augenblick ist der Geist Opfer seiner Projektionen. Gelingt es uns einen Augenblick lang unabhängig von der Information zu bleiben, werden wir erkennen, dass dieser Augenblick in seiner Essenz leer ist, und dann sehen, dass alle Augenblicke ihrem Wesen nach leer sind.

»Der unabhängige Geist ist Mahamudra« heißt es, wobei

mit »unabhängig« nicht ein solides Individuum gemeint ist. Wenn der Geist die Freiheit besitzt, sich auf ein Objekt zu richten und dann auf das nächste, das ist Mahamudra.

Diese Technik der Meditation kann man selbst dann anwenden, wenn der Geist erregt ist. So können sich allmählich alle Gedanken klären und transparent werden.

Wenn Sie diese Untersuchung der fundamentalen Wirklichkeit des Geistes durchführen, kehren Sie von Zeit zu Zeit zur Geistesruhe zurück, damit der Geist nicht durch Ihre Suche zu sehr aufgeregt wird.

Haben Sie Ihre Untersuchungen abgeschlossen, werden diese einem tiefen Gefühl von Gewissheit darüber weichen, was der Geist wirklich ist. Verweilen Sie in dieser Einsicht soviel Sie können und dehnen Sie diese, sowie sie stabiler wird, allmählich aus. Wie leicht sich Ihre Einsicht in die Natur des Geistes stabilisiert, hängt besonders davon ab, wie gut Sie Ihren Geist während der Praxis der Geistesruhe darin geübt haben, sich zu sammeln.

Was ist die beste Weise, ein leichtes Sammeln des Geistes zu fördern? Benutzen Sie dieselbe Technik wie zuvor. Welche Gedanken auch immer auftauchen, sie sind sämtlich beschränkt auf die Information, die sie in sich tragen. Bleiben Sie bei dem Gedanken, ohne seiner Information zu folgen, so wird er sich in die Natur des Geistes auflösen. Wenn Sie sich nicht mehr künstlich anstrengen und frei und mühelos verweilen, wird sich jeder Gedanke in der Wirklichkeit des Geistes auflösen. Ruhen Sie in dieser Gewissheit, während im Geist die Gedanken kommen und gehen, dann werden

Sie sehen, dass sie nichts anderes als der Ausdruck der leeren und ungehinderten Klarheit des Geistes sind. Hier erkennen Sie durch sich selbst in direkter Erfahrung alle natürlichen Qualitäten des Geistes. Haben Sie sich einmal an diese Stufe der Praxis gewöhnt, werden sich Ihre gröberen Gefühle beruhigen, obgleich die subtileren noch nicht aufgelöst sind, denn diese sind sehr tief verwurzelt.

Wenn Sie mit diesem zweiten Schritt wirklich vertraut sind, nehmen Sie Ihre Untersuchungen wieder auf. Erzeugen Sie bewusst ein Bild in Ihrem Geist, zum Beispiel einen riesigen Elefanten. Untersuchen Sie die Essenz des Bildes und des Geistes, der es wahrnimmt. Ist der Elefant im Innern des Geistes oder nicht? Wenn der Elefant nicht im Geist ist, muss er einfach eine Einbildung sein. Ist der eingebildete Elefant der Geist oder nicht? Und wenn er der Geist ist, wie ist er dorthin gelangt? Ist die Gestalt des Elefanten wirklich im Geist? Wenn sie nicht dort ist, wie bildet der Geist sie dann?

Wiederholen Sie dies mit einem lauten Ton, einem wunderbaren Duft, einem angenehmen Geschmack und einer erfreulichen Empfindung. Dieser dritte Schritt wird die Geschicklichkeit des Geistes fördern.

Wenn Sicherheit und Gewissheit hinsichtlich der Natur des Geistes wachsen, entspannen Sie sich immer mehr bei der Praxis. Mit der Entwicklung Ihres Vertrauens werden Sie gleichzeitig immer behaglicher in der leeren Klarheit des Geistes verweilen, der nicht mehr von seinen Projektionen beeinflusst wird. Das ist die wirkliche Meditation, die sich immer besser anfühlt, je mehr Sie damit vertraut werden.

Seien Sie nicht extrem in der Anwendung der obigen Methoden. Meditieren Sie mit einem entspannten Geist, jedoch sorgfältig und aufmerksam.

Diese Form der untersuchenden Meditation sollte mehr als nur ein intellektuelles Verständnis bringen, denn sonst wäre sie überhaupt nicht segensreich. Ihre Suche sollte sich auf eigene direkte Erfahrung beziehen und nicht auf Theorien, von denen Sie gehört oder gelesen haben.

Die sechs emotionalen Zustände als Praxis nutzen

Sie können Ihre neuen Untersuchungstechniken und Ihre frisch erworbene Klarheit auch auf die sechs grundlegenden emotionalen Verblendungen anwenden, die sehr negative, im Geist verwurzelte Impulse sind. Dies bedeutet einerseits, dass Sie Ihre Analyse und Untersuchung in allen möglichen Umständen durchführen, also nicht nur in der Meditation, sondern tatsächlich wann immer eine Täuschung auftaucht. Sie werden den Geist vom Einfluss der Emotionen befreien, wenn Sie erkennen, welche Fehler mit ihnen einhergehen.

Der zweite Aspekt der Praxis besteht darin, während der Meditation selbst das Wesen der Emotion zu betrachten und ihre wahre Natur zu erkennen. Es ist natürlich am besten, wenn eine Emotion von selbst erscheint. Tut sie dies nicht, so erzeugen Sie bewusst eine Emotion. Wachsamkeit und Erinnerung spielen auch in dieser Praxis eine Rolle. Sie müssen wachsam sein, damit Sie diese emotionalen Täuschungen entdecken, sobald sie auftauchen. Und anschließend müssen Sie erinnern, was man bei ihrem Erscheinen tun muss.

Die sechs fundamentalen Verblendungen sind: Unwissenheit, Hass, Begierde, Neid, Sichtweisen und Zweifel. Beginnen wir mit der ersten, denn sie ist immer präsent.

Unwissenheit

Unwissenheit oder Mangel an Gewahrsein hat zwei Aspekte: die egozentrische Anhaftung selbst und die vom gierigen Geist erzeugten Gedanken. Wenn Sie nicht meditieren, denken Sie über die Fehler der egozentrischen Anhaftung nach. Denken Sie an das Leid und die Schwierigkeiten, die durch sie verursacht werden. Schauen Sie sich in Ihrem Alltag um und sehen Sie, wie jede Person nur für sich selbst handelt, und welche widerstreitenden Interessen daraus entstehen.

Suchen Sie während der Meditation in Ihrem Körper, Ihrer Rede, Ihrem Geist nach dem Ich, das Sie für die Quelle all Ihrer Handlungen und Entscheidungen halten. Wie sehr Sie auch suchen, Sie werden nichts finden. Wo ist also dieses Ich, an dem Sie ständig festhalten? Suchen Sie weiter bis Sie erkennen, dass es kein Selbst gibt.

Richten Sie dann Ihre Aufmerksamkeit auf die Analyse von Konzepten und ihren Nachteilen. Üben Sie sich in Ihrem täglichen Tun darin zu erkennen, dass die Gedanken nichts als die Illusionen eines verwirrten Geistes sind.

Wir haben schon gesehen, dass alle Gedanken Auswirkungen aus dem Kontakt des Geistes mit einem Objekt der Wahrnehmung sind. Der Geist kennt seine eigene Reinheit nicht. Er macht einen Fehler und erzeugt eine Überfülle an Gedanken. Ständig unterscheidet er zwischen den Objekten, indem er sie nach seinem auf Unwissenheit beruhenden Urteil als gut oder schlecht, anziehend oder abstoßend bewertet. Was ist daran falsch? Schauen Sie selbst, sehen Sie, welche Auswirkungen solche Beurteilungen auf die Sie umgebenden Situationen haben und welche Unruhe dadurch im Geist entsteht.

Dann, wenn Sie in Meditation sitzen, verweilen Sie in der Essenz des Gedankens, und Sie werden sehen, dass Gedanken keine definierbare Existenz haben, weder Gestalt, noch Form oder Farbe. Wenn unser Geist mit einem Gegenstand beschäftigt ist, scheinen unsere Gedanken nahezu greifbar. Schauen wir eine Pflanze an, beginnen wir zu denken, dass es Zeit ist, ihren Topf zu wechseln, sie zu gießen oder zu düngen. Aufgrund unserer Verwicklung scheinen unsere Vorstellungen sehr solide zu sein, doch wenn man direkt auf die Essenz des Gedankens selbst schaut, gibt es dort nichts. Verweilen Sie in dieser Essenz. Wiederholen Sie dies jedes Mal, wenn ein Gedanke auftaucht.

Ärger

Dann machen Sie dasselbe mit der zweiten emotionalen Verblendung, dem Ärger. Beginnen Sie damit, die dem Ärger eigenen Fehler klar zu sehen. Sehen Sie wie unglücklich der

Geist ist, wenn man ärgerlich ist. Hinzu kommt, dass unsere ärgerlichen Reaktionen die anderen wütend machen. Der Geist erregt sich und bildet einen fruchtbaren Nährboden für alle anderen Gefühle. Selbst das soziale Umfeld wird angesteckt. Fahren Sie mit der Untersuchung fort, und Sie werden ganz gewiss noch mehr Fehler im Ärger entdecken.

Schauen Sie in der Meditation auf die Essenz der Emotion Ärger und lassen Sie den Geist in dieser Essenz verweilen. Üben Sie sich in diesem Geschick. Falls nach einer Weile keine ärgerlichen Gefühle mehr auftauchen, dann erzeugen sie welche.

Begierde-Anhaftung

Diese Emotion ist sehr hinterhältig. Sie kommt mit einem süßen Gesicht daher, aber nur um uns allmählich ins Unglück zu stoßen. Suchen Sie sorgfältig, welche Nachteile Anhaftung und Begierde haben. Sehen Sie, wie sie Ärger und Eifersucht mitbringt, wie sie den Geist mit besorgtem Ehrgeiz beunruhigt. Selbst wenn Sie erhalten, was Sie begehren, entwischt Ihnen die Zufriedenheit. Ihre Begierden können niemals zufriedengestellt werden. Es ist wie bei einem Juckreiz – sich kratzen bringt momentane Erleichterung, doch bald danach ist der Juckreiz wieder da.

Beobachten Sie, wie Ihr gieriger Geist in Ihrem täglichen Tun am Werke ist, bis Sie sich all seiner Fehler bewusst werden. Untersuchen Sie dann – wie oben erklärt – seine Essenz.

Neid und Stolz

Stolz und Neid stehen in enger Beziehung. Stolz ist das Gefühl der eigenen Wichtigkeit, was einen wiederum neidisch auf andere macht. Stolz wirkt auf andere nicht sonderlich beeindruckend. Da man nicht bereit ist, seine eigenen Fehler zu sehen, können auch keine Qualitäten in einem gedeihen.

Neid ist eine starke Mischung aus Ärger und Stolz, eine sehr langsame Agonie. Ohne Grund ärgert man sich über andere. Wut mag noch eine Ursache haben – die Person hat einen vielleicht irritiert – aber bei Neid ist dies nicht der Fall. Seine gänzlich irrationale Seite macht ihn äußerst unmoralisch. Jemand gewinnt Ruhm und Reichtum, und obwohl er uns nie etwas antat, verliert unser Geist, jedes mal wenn wir an diese Person denken, seinen Frieden. Neid ist ein sehr heikler Feind, der alles zerstört. Wir können leicht sehen, wie er überall in der Gesellschaft am Werke ist.

Bedenken Sie sorgfältig die Fehler dieser geistigen Verblendungen und schauen Sie dann in der Meditation der Geistesruhe auf ihre Essenz.

Ideologien und falsche Sichtweisen

Ideologien sind Ideale, die wir uns erschaffen. Zwei Bereiche unseres Lebens sind ganz besonders von Ideologien und falschen Sichtweisen beherrscht: Politik und Religion. Unsinnige Anschauungen und Ideologien können alles zerstören. Religion kann zum Beispiel zur Anbetung unserer eigenen intellektuellen Schöpfungen degenerieren. Unwissenheit, in enger Verbindung mit Stolz, ist die Ursache dafür. Unsinnige spirituelle Anschauungen gibt es im Überfluss: »Ich kann mich selbst göttlich und heilig machen, ich habe die Kraft andere zu heilen, ich kann sie mit dieser Kraft beherrschen und sie mir untertan machen«. Die Absicht ist anderen zu helfen, doch Mitgefühl vermischt sich dann mit Stolz. Es mag sogar vorkommen, dass jemand mit solch einer Vorstellung andere durch seine eingebildete Kraft zu heilen scheint. Aber dies ist reiner Zufall, gibt jedoch solch einer Person Vertrauen in ihre Fähigkeiten und verstärkt ihre Idee.

Die Ursache vieler religiöser und politischer Desaster in Vergangenheit und Gegenwart liegt in solch einer Täuschung. Wir müssen uns der Fehler solcher Ideologien bewusst sein.

Wenn unsere Sicht nicht spontan ist, sondern vom unwissenden Geist unter dem Einfluss der Emotionen erzeugt wird, werden wir niemals zu einer gültigen und vollkommenen Sicht finden. Solch falsche Anschauungen können nicht nur uns selbst, sondern auch andere in die Irre führen. Untersuchen wir eine Ansicht genau, bevor wir sie übernehmen, können wir entscheiden, ob sie gänzlich rein ist oder nicht. Eine vollkommene Sicht basiert nicht auf emotionalen Regungen. Nur wenn unsere Sicht eine Methode zur Überwindung der Emotionen ist, ist sie eine akzeptable Sichtweise.

Falls Sie mehr über falsche Sichtweisen wissen wollen, müssen Sie die Werke der gelehrten buddhistischen Meister zu Rate ziehen. Wenn Sie diese gründlich studieren, werden Sie die Anwendung logischer Analyse lernen. Dann sind Sie in der Lage, die von anderen vorgebrachten Ansichten und Theorien kritisch zu beurteilen.

Seien Sie sich des Leids, das durch parteiische Ansichten geschaffen wird, voll bewusst und setzen Sie sich nieder, um in der Meditation ihre Essenz zu suchen. Solche Überzeugungen sind bloß Konzepte, die in sich keine Wirklichkeit besitzen. Daher besteht für den Geist überhaupt kein Anlass, sich von ihnen stören zu lassen.

Zweifel

Die Verblendung Zweifel erzeugt jene Momente, wo wir davon geplagt werden, dass wir alles in Frage stellen: »Meditiere ich richtig oder nicht? Buddhaschaft, existiert sie oder nicht? Wird meine spirituelle Praxis mich wirklich irgendwohin bringen?« Vertrauen Sie nicht Ihren Zweifeln. Bisher haben Sie noch nie etwas wirklich Wertvolles allein aus sich heraus gefunden, hören Sie also nicht auf sie. Wenn Sie Ihre Zweifel nähren und ihnen folgen, werden diese Sie in die Irre führen. Sie bestehen nur aufgrund eigener Unwissenheit und mangelnder Einsicht. Vertrauen Sie den Methoden, die Ihnen beigebracht wurden, folgen Sie diesen weiterhin.

Im Studium ist Zweifel zulässig, um die Dinge zu hinterfragen, bis man eine vollkommene Vorstellung von ihnen hat. In der Meditation aber ist er völlig unangebracht. Der Zweifel, der während der Praxis auftaucht, erscheint ohne Grund. Plötzlich ist der Meditierende von Zweifeln erfüllt. Sie sind das Resultat seiner früheren Handlungen und sind eine der Erfahrungen, die von Meditierenden gemacht werden. Man sollte dem überhaupt keine Beachtung schenken.

Wenn er auftaucht, untersuchen Sie seine Fehler, bis Sie von ihnen überzeugt sind. Suchen Sie anschließend, so wie Sie es bei den vorhergehenden Illusionen getan haben, nach der wahren Essenz des Zweifels, den Sie hegen.

Diese Art der Praxis bringt doppelten Nutzen: Man wird sich all der vielen verschiedenen Fehler dieser sechs Emotionen voll bewusst und vertieft gleichermaßen die eigene Erfahrung des essentiellen Zustandes. Jegliche Mutlosigkeit, die Sie anfangs vielleicht darüber empfinden, dass Sie über all diese Fehler nachdenken müssen, wird verschwinden, wenn Sie in der Essenz der Verblendung verweilen, in der unermesslichen Tiefe der natürlichen Wirklichkeit des Geistes.

Sie können diese Praxis auch dafür benutzen, die Qualität Ihrer Liebe und Ihres Mitgefühls zu verbessern. Natürlich ist es nicht nötig, Liebe und Mitgefühl auf Fehler zu untersuchen, denn sie sollten nicht aufgegeben, sondern entwickelt werden. Allerdings müssen sie frei von Anhaftung sein. Indem Sie zuerst die Essenz der Liebe und dann die des Mitgefühls suchen, werden Sie entdecken, dass sie gleich sind. Sie haben einen liebenden und mitfühlenden Geist entwickelt, jetzt sehen Sie seine leere Essenz und befreien sich so von aller Versuchung, nach ihm zu greifen.

Erfahrungen

Die obige Beschreibung ist ein Schlüssel zu den wichtigsten Methoden der Meditation. Aber die Meditation ist ein sehr komplexer Prozess. Jeder Mensch hat eine eigene Persönlichkeit und seinen Charakter, seine eigene Mischung aus Emotionen. Die genaue Praxis der Meditation sollte maßgeschneidert sein, um auf die persönlichen Bedürfnisse zu antworten, auch wenn im Allgemeinen dieselben Schritte gemacht werden. In der Meditation entstehen alle Arten von Empfindungen und Erfahrungen, die einer entsprechenden Behandlung bedürfen. Dies gilt vor allem für die Meditation der intuitiven Einsicht. Und aus diesem Grunde muss man die Hilfe eines qualifizierten Lehrers suchen. Dieser sollte ein erfahrener Meister der Meditation sein. Ein Experte in buddhistischer Philosophie oder in Ritualen ist hier nicht die richtige Person.

Hier nun eine kurze Darlegung einiger Erfahrungen, die Sie beim Meditieren machen können. Es gibt drei Arten von Empfindungen: solche, die mit einem Glücksgefühl verbunden sind; solche, die der Klarheit entspringen; und solche, die von einem leeren und vorstellungsfreien Geist erzeugt werden.

Glücksgefühl

Wenn der Geist wirklich von einer Glückserfahrung überwältigt wird, fühlt der Körper dies auch. Anfangs ist diese Erfahrung mit Emotion getrübt, aber später füllt ein Glück frei von aller Emotion den ganzen Körper. Was empfindet man dann? Ist der Geist ruhig, fühlt sich der Körper völlig wohl und entspannt. Die sofortige Reaktion ist, sich darüber zu freuen und daran anzuhaften. Setzt man die Meditation jedoch mit der richtigen Haltung fort, so wird der Geist von einem tiefen Gefühl anhaftungsfreier Freude erfüllt. Diese Erfahrung vermittelt dem Geist das Empfinden, niemals satt davon zu werden. Gewöhnlich wird unser Glück von äußeren Bedingungen geschaffen, derer der Geist überdrüssig werden kann. Doch wenn er seine eigene, aus ihm selbst entstandene Ruhe erfährt, wird er ihrer nie überdrüssig.

Zuerst entsteht also Anhaftung, aber im gleichen Maße, wie die Fähigkeit richtig zu meditieren wächst, verringert sich Anhaftung und man wird immer entspannter und natürlicher.

Warum haben wir eine so starke Anhaftung an körperlichem und geistigem Wohlbefinden? Anhaften ist eine Gewohnheit, die wir ohnehin die ganze Zeit haben. Wenn derartige Glücksgefühle in der Meditation auftauchen, wecken sie die Erinnerung an unsere gewohnheitsmäßige Anhaftung. Doch indem wir auf diese Erfahrungen die Technik der intuitiven Einsicht anwenden, lösen wir uns von der Neigung, an ihnen zu haften.

Betrachten Sie direkt das Glücksgefühl, das im Geist erscheint. Wenn dieser sich nicht in das Gefühl verwickelt, verschwindet es und zurück bleibt die Wirklichkeit des Glücks, das mit nichts anderem vergleichbar ist. Diese Wirklichkeit ist für Sie zur Zeit unvorstellbar, da Sie noch keinen Geist haben, der sie wahrnehmen kann.

Klarheit

Die Klarheit, die hier gemeint ist, ist die Erfahrung der fünf Sinne und des geistigen Bewusstseins, ganz klar, gewahr zu sein. Sie zeigt sich, weil durch die friedvolle Ruhe, in der sich der Geist befindet, die Sinnesorgane sehr feinfühlig werden. Wie wirkt sich diese Klarheit aus? Die meisten Menschen nehmen Erscheinungen im Sehen oder Hören wahr und nicht so sehr mit den anderen Sinnen. Das bedeutet nicht, dass sich zum Beispiel das Sehvermögen verbessert, sondern vielmehr dass die Sinne in imaginäre Eindrücke verwickelt werden. Ihre Augen sind offen, aber Sie sehen Dinge, von denen Sie wissen, dass sie nicht zu der festen Umgebung gehören, die Sie betrachten. Sie mögen Klänge hören, von denen Sie wissen, dass sie keine entsprechende Quelle haben. Fühlen Sie sich von solchen Wahrnehmungen nicht gestört. Sie haben überhaupt keine Bedeutung, sondern sind bloß ein Effekt in Ihrem immer klarer werdenden Geist.

Sie können dies auch als mentale Klarheit erleben: Sobald ein Gedanke erscheint, sind Sie sogleich seiner gewahr. Ihnen entgeht kein einziger Augenblick des Geschwätzes der Gedanken, das Erkennen geschieht von selbst. Sie schlafen wenig und Ihr Schlaf ist sehr klar, Sie wissen, dass Sie schlafen.

Untersuchen Sie wie beim Glücksgefühl die ursprüngliche Wirklichkeit all dieser Sinneserfahrungen und erkennen Sie, dass sie nichts als Gedanken sind.

Leerheit

Haben Sie einmal die Erfahrungen von Glück und Klarheit als geistige Gewohnheiten erkannt und haften dank der Untersuchung ihrer ursprünglichen Wirklichkeit weder an ihnen noch an ihren Erscheinungen, so schwinden sie und werden von einem vorstellungsfreien Geisteszustand ersetzt. Die Gedanken erheben sich weiterhin, aber sie lösen sich augenblicklich in der Leerheit auf, in der Sie versunken sind.

Und auch hier wirkt der Einfluss der Erinnerung. Sie haben eine Empfindung der Leerheit und sagen sich »Alles ist leer«. Aber diese Aussage ist bloß ein Konzept. Untersuchen Sie die wahre Natur dieser Empfindung, indem Sie die Einsichtsmeditation anwenden. Diese Technik heißt »das volle Gewahrsein auf die Meditationserfahrungen richten«. Wird sie angewendet, sobald Glück erscheint, entwickelt man nie Abhängigkeit von dualistischem Glück. Sie werden von diesen Erfahrungen nicht beeinflusst, weil Sie wissen, dass sie überhaupt keine eigene Essenz besitzen.

Wenn Sie Klarheit erleben, mag es sein, dass Sie denken: »Diese Visionen sind ein gutes Zeichen; wie gut es ist, einen so klaren Geist zu haben, dass man alle Gedanken sieht und sie bewusst erkennt«. Dies führt zu Erregung. Doch wenn Sie die Technik des vollen Gewahrseins darauf anwenden, werden Sie erkennen, dass die Klarheit nichts anderes als eine Vorstellung ist, und die Welle löst sich einmal mehr im Ozean auf.

Bestätigen Sie Leerheit auf der Grundlage einer einfachen Erfahrung des konzeptfreien Geistes, so können Sie dadurch einseitig werden und in den Nihilismus fallen, indem Sie anfangen, die Existenz von allem zu verneinen. Es gibt Leerheit, das ist wahr, aber es gibt auch in jedem Augenblick den lebendigen Geist, der seiner selbst gewahr ist. Richten Sie das volle Gewahrsein auf Ihre Vorstellung »das ist leer«, und der Geist wird sein Gewebe der verflochtenen Bewusstseinsmomente an den Tag legen.

Diese Erfahrungen der Klarheit, des Glücks und der Leerheit erscheinen zuerst, wenn der Geist seine eigene Stille erfährt. So wie die Anhaftung daran weniger wird, zerstört durch die regelmäßige Anwendung vollen Gewahrseins, erscheinen ihre wirklichen Gegenstücke. Diese sind zur Zeit noch ganz und gar unvorstellbar und haben keine Ähnlichkeit mit den Gefühlen, die sie ersetzen. Sie weisen auf den Weg des Sehens und setzen sich den ganzen Weg lang bis zum Erwachen fort. Lassen Sie einstweilen die Erfahrung los, analysieren Sie diese und sie wird Sie zur Essenz des Geistes führen.

Diese wenigen Hinweise meinen nicht, dass Sie ohne persönliche Ratschläge auskommen. Sie müssen einen qualifizierten Lehrer konsultieren, der über echtes aus Erfahrung geborenes Hintergrundwissen zu diesem Thema verfügt.

Unter Meditation kann man Verschiedenerlei verstehen. Für manche hat Meditation vor allem mit Visionen, Sensationen und Geheimnissen zu tun. Mahamudra ist nicht so, es ist ein systematischer Übungsverlauf, der auf Logik und Vernunft basiert.

Sie können viel über Meditation aus Büchern lernen, aber Sie brauchen immer einen Lehrer, der Ihnen auf Sie persönlich zugeschnittene Ratschläge erteilt. Bücher können nicht jedes einzelne Problem erwähnen, das jedes einzelne Individuum auf jeder einzelnen Stufe des Weges erfährt. Die Menschen sind zu verschieden. In den Büchern findet man nur allgemeine Methoden.

Mahamudra und angeborene Einheit

Von den vier tibetischen buddhistischen Schulen ist die Kagyü Schule jene, die am meisten Betonung auf die Meditation legt. Es ist die Linie, die Milarepas Lehre weiterreicht und sein Geschick in der Meditation bis heute ungebrochen bewahrt hat. Die Kagyüpa praktizieren Mahamudra, die Nyingmapa Maha Ati, aber in Wirklichkeit handelt es sich um dasselbe, nur die Begriffe sind unterschiedlich.

Was bedeutet das Wort Mahamudra? Maha heißt wörtlich groß und weist darauf hin, dass diese Meditationsmethode die höchste und nutzbringendste ist. Mudra hat wie viele Sanskrit-Wörter mehrere Bedeutungen. Manchmal heißt es Siegel, manchmal Handlung, manchmal Gebärde. In diesem Kontext heißt es Siegel – Bestätigungssiegel des Buddha – seine Garantie, dass diese Methode von nichts übertroffen wird und es darüber hinaus nichts Tiefgründigeres oder Besseres gibt.

In der Kagyüpa Tradition sind drei Arten von Mahamudra anerkannt, Etappen die sich auf die Bedürfnisse und Fähigkeiten der verschiedenen Personen beziehen.

- Die erste verwendet eine philosophische Herangehensweise, denn sie ist eng verknüpft mit Madhyamika, die »Große Mittlere Sichtweise« des Großen Fahrzeugs. Es ist eine

Weise, sich Mahamudra friedlich und stufenweise anzunähern. Die Ausbildung beginnt mit der Übung in Geistesruhe, indem man zuerst ein geistiges Bild verwendet und dann den Geist ohne geistiges Bild in sich selbst verweilen lässt. Man fährt fort mit der untersuchenden Meditation und wendet immer wieder das intelligente Gewahrsein des Geistes an, um die wahre Wirklichkeit der Situation zu untersuchen. Anschließend zeigt der Lama dem Schüler die Natur des Geistes auf, wenn er sich sicher ist, dass der Schüler imstande ist zu erkennen, was ihm aufgezeigt wird. Dies kann nach einigen Monaten oder einigen Jahren Praxis der Fall sein. Diese Mahamudra Methode gründet in den Mahayana Sutren und stellt einen langsamen, aber sicheren Weg zum Erwachen dar. Ausschließlich in der Kagyüpa Schule gibt es noch eine andere von Gampopa eingeführte Form von Sutra Mahamudra. Er zeigte, wie man Sutra und Mahamudra zu einem sehr direkten Weg verbinden kann, frei von den Einschränkungen eines Praktizierenden des tantrischen Weges, der eine Vielfalt von heiligen Verpflichtungen (Samayas) halten muss. Die ursprüngliche Unterweisung des Buddha zu diesem Thema ist im Samadhirajasutra enthalten. Dort kann man auch nachlesen, wie der Buddha das Kommen von Gampopa vorhersagt hat, der genau diese Methode darlegen und verbreiten und so Tausende zur Befreiung führen würde. Und als Gampopa später diesen Weg zu unterrichten begann, heißt es, kam das Wild aus den Wäldern, legte sich nieder und hörte zu, so wie es dies tat, als Shakyamuni das erste Mal im Gazellenpark unterrichtete.

- Die zweite Art von Mahamudra Praxis bezieht sich besonders auf die Tantras. Man erhält eine Ermächtigung, meditiert auf den Körper der Gottheit und ihr Mandala und rezitiert ihr Mantra. Der Geist wird durch die geistig geschaffenen Symbole gereinigt und transformiert. Das führt weiter zu solchen Übungen wie den Sechs Yogas von Naropa, die dazu vorgesehen sind, die Transformation zu vollenden, und in der Erkenntnis von Mahamudra münden. Dies entspricht den Meditationsmethoden Trektschö und Thögal im Maha Ati.
- Essentielles Mahamudra, die dritte Art, hat nichts mit den beiden vorhergehenden gemein. Auf dem Madhyamika Weg entsteht durch vertieftes Untersuchen im Geist des Praktizierenden festes Vertrauen, das ihn zum Verständnis von Mahamudra führt. Im tantrischen Mahamudra benutzt er die Meditation auf Gottheiten und yogische Übungen. Aber hier wird so etwas nicht benötigt. Der Lehrer ist erwacht und der Schüler ist bereit zu erwachen. Es ist direkte Erkenntnis des Geistes durch den Geist, der unmittelbar auf das Ergebnis meditiert statt zahlreiche Stufen zu durchschreiten. Der Schüler kann seinen Geist und dessen Projektionen erkennen, ohne von einer der obigen Methoden abhängig zu sein, einfach indem der Meister sie ihm aufzeigt und seine erwachte Einsicht in dem Augenblick erkennt, was ihm gezeigt wurde. Für manche ist diese Erkenntnis augenblicklich. Essentielles Mahamudra wurde von Saraha in seinem »Schatz der Gesänge« gelehrt, sowie von Tilopa und Milarepa. Es ist eine sehr tiefe Methode, die allen anderen überlegen

ist. Im Maha Ati findet man Gleichwertiges und es wird dort mit Begriffen wie »Jenseits des Intellekts« oder »Erschöpfen der Phänomene« beschrieben.

Diese drei Aspekte machen Mahamudra zu einem sehr geschickten Mittel, durch das selbst eine spirituell sehr wenig entwickelte Person Schritt für Schritt zu den tieferen Ebenen der Praxis geführt werden kann.

Die Verwirklichung von Mahamudra wird auch als »angeborene Einheit« bezeichnet, was bedeutet, dass man lernt seinen Geist mit der angeborenen Wirklichkeit zu vereinen. Angeborene Wirklichkeit kann in drei Aspekten unserer gegenwärtigen Erfahrung entdeckt werden:

- die angeborene Wirklichkeit unseres Geistes,
- die unserer Gedanken und
- die der Erscheinungswelt.

Die angeborene Wirklichkeit des Geistes

Diese bezieht sich auf die wahre Essenz des Geistes, die in jedem Augenblick des Geistes gegenwärtig ist, und eben darum wird sie angeboren genannt. Diese Essenz ist nicht eine Form, ein Klang, ein Geruch, ein Geschmack oder eine Berührung; sie hat keine Farbe und ist weder angenehm noch unangenehm. Sie ist nicht stofflich, nicht solide, sie ist einfach weite, leere, wissende Klarheit.

Die angeborene Wirklichkeit der Erscheinungswelt

Da der Geist ungehindert ist, kann er allerlei Dinge projizieren und ein großes Schauspiel inszenieren. Aber seine Erscheinungen sind im Grunde unwirklich. Wir können diese Tendenz des Geistes leicht erkennen, wenn wir träumen. Aufgrund der ungehinderten Fähigkeit des Geistes »sehen« wir Häuser, Menschen, Flüsse, Berge, Felsen, Bäume etc.: Alles ist möglich im Traum. Jedoch ist der Berg im Traum kein wirklicher Berg, sondern Geist selbst.

Dasselbe gilt für die Welt, in der wir uns im Wachzustand befinden. Sobald wir als Menschen geboren sind, beginnen wir zu denken, zu reden und die Dinge wie ein Mensch zu sehen. Der Geist kommuniziert mit der menschlichen Welt, aber in sich hat diese Welt keine eigene Wirklichkeit, die sie vom Geist unterscheidet, der mit ihr kommuniziert. Alles ist einfach Manifestation des Geistes und folglich nicht wirklicher als ein Traum. Dies ist die angeborene Wirklichkeit der Erscheinungswelt.

Die angeborene Wirklichkeit des Denkens

Denken liegt zwischen dem Geist drinnen und seiner Illusion draußen. Es ist die Kommunikation des Geistes, seine Antwort auf die Information, die er von seinen eigenen Erscheinungen empfängt. Gedanken sind ständig in Bewegung, ihre Zahl entspricht der Anzahl der Kontakte, die der Geist mit der nach außen projizierten Welt hat. Aber die Gedanken selber haben keine unabhängige Wirklichkeit, sie sind wie Luftblasen im Wasser, erscheinen flüchtig aufgrund von Bedingungen und verschwinden ebenso schnell, wie sich die Bedingungen ändern. Untersuchen wir jedoch die Essenz des vorüberziehenden Gedankens, so finden wir die leere und ungehinderte Klarheit des Geistes. Die Essenz des Gedankens ist die Essenz des Geistes. Dies ist die angeborene Wirklichkeit des Denkens.

Vereinigung meint, dass wir uns selbst mit der in den drei obigen Fällen umrissenen angeborenen Wirklichkeit des Geistes vereinigen müssen. Das Wichtigste ist die Vereinigung mit der angeborenen Wirklichkeit des Geistes. Ist diese einmal vollzogen, geschehen die beiden anderen natürlich und von selbst. Dies bedeutet, dass wir unseren wahren Geist – diese leere ungehinderte Klarheit – meistern müssen. Also folgen wir ihm, wenn er sich projiziert und werden fähig, auf die verwirrten Informationen, die er gibt, zu reagieren. Wir müssen lernen, die natürliche Wirklichkeit des Geistes zu erkennen, und wenn uns dies gelingt, wird unser Geist zeitloses Gewahrsein.

Der Geist darf weder dumpf und schläfrig noch erregt und wild sein. Er bleibt er selbst, statt etwas, das sich auf Information von außen gründet. Sammeln Sie sich natürlich im wirklichen Geist und betrachten Sie ihn einfach, entspannt. Zwingen Sie ihn nicht mit künstlichen oder aggressiven Mitteln still zu sein. Alle groben und subtilen Gedanken werden von selbst verschwinden. Wenn sie gegangen sind, erkennt sich der Geist, aber greift nicht nach sich selbst. Das ist der Beginn der angeborenen Vereinigung. Können Sie einmal ungestört darin verweilen, wird diese Qualität des Geistes von selbst immer klarer. Seine Entwicklung hat keine Grenzen. Sie können nicht an einem bestimmten Punkt sagen: »Jetzt habe ich das Ende erreicht«. Man kann ihn nicht in Worten ausdrücken oder ihn mit einem Beispiel beschreiben, denn nichts in der Welt ist ihm ähnlich. Keine menschliche Zunge ist imstande, seine grenzenlose Entfaltung zu beschreiben.

Solange der Geist sich in seinen Erscheinungen verwickelt, werden durch die äußeren Objekte vielfältige Gedanken stimuliert, angenehme und unangenehme, Ärger, Anhaftung, Gleichgültigkeit, große und kleine. Gedanken sind Geist, aber sie gleichen Luftblasen im Wasser. Wollen Sie sich mit der angeborenen Wirklichkeit des Denkens vereinigen, beginnen Sie mit einem sehr offensichtlichen Gedanken, der leicht zu erkennen ist, wie zum Beispiel: »Ich wünsche mir viel Geld zu haben.« Schauen Sie direkt auf ihn. Fahren Sie fort ihn zu betrachten. Schauen Sie auf seine Essenz. Wenn Sie dies nicht tun, wird die Anhaftung bewirken, dass sich der Gedanke augenscheinlich vervielfältigt, seine Gestalt ändert, und viele weitere Gedanken tauchen auf, die um dasselbe Thema kreisen. Doch wenn Sie auf die Essenz der Idee schauen, eine Million Euro zu besitzen, wird sie sich in Geist verwandeln. Der Gedanke ist in die Essenz der leeren Klarheit transformiert. Wie geschieht dies? Der Gedanke, der sich gebildet hat, und der Geist teilen dieselben Eigenschaften. Sie haben diese Idee nicht vernichtet, sondern deren wahre Natur erkannt. Sie haben nicht diese Eigenschaften hergebracht und sie dem Gedanken übergestülpt, Sie haben den Gedanken auch nicht zerstört und ihn durch diese Eigenschaften ersetzt. Der Gedanke selbst besitzt natürlich diese Eigenschaften und Sie haben sich selbst in die Verwirklichung der Eigenschaften eingeführt.

Wenn Sie sich daran gewöhnen, dies zu tun, wird jeder Gedanke zum Dharmakaya, der Sphäre der letztendlichen Wirklichkeit. Wenn Sie sich nicht der Gedanken bewusst sind, bleiben diese ein Ozean zyklischen Daseins, sich ständig drehend und ablenkend. Aber wenn man die wahre Natur eines Gedankens erkennt, warum sollte man dann nicht dasselbe mit der ganzen Kette der Gedanken tun? In der Kagyüpa Schule ist das die Mahamudra Methode, um in einem einzigen Augenblick Buddha zu werden, wenn man Glück hat.

Dies ist das Schwierigste von den dreien, aber wenn man die angeborene Natur der Gedanken verwirklicht hat, verwirklicht man auch leicht die Geistnatur der Erscheinungswelt. In der Tat lehren wir, dass Erscheinungen nur Geist sind und nichts unabhängig vom Geist existiert. Es ist jedoch sinnlos, dies in der Meditation, ausgehend von der gegenwärtigen Erscheinungswelt, zu tun, solange Sie nicht die angeborene Wirklichkeit von Geist und Gedanke realisiert haben. Wenn Sie sich der Natur des Geistes und des Gedankens voll bewusst sind, werden Sie erkennen, wie der Geist seine Erscheinungen projiziert und erfährt.

Dies sind sehr kurze Unterweisungen, aber sie werden für Sie ein sehr nützlicher Schlüssel sein, um das Tor von Mahamudra zu öffnen.

Die vier Wege der Weisen

»Oh, ihr Mönche und weisen Menschen,
so wie man Gold
durch Polieren, Schneiden und Schmelzen prüft,
so untersucht gut meine Worte.
Akzeptiert sie nicht, nur weil ihr mich verehrt.«
BUDDHA

Ich möchte gern mit ihnen eine traditionelle Unterweisung teilen, die davon handelt, wie man gutes Urteilsvermögen entwickelt. Dies ist eine Lehre, die uns hilft, unserem gesunden Menschenverstand zu vertrauen und es zu vermeiden, in die Irre geführt zu werden. Die vier Hinweise gelten sowohl für den Dharma wie auch für alle Aspekte unseres täglichen Lebens. Ich glaube, dass viele Probleme in der modernen Gesellschaft gelöst werden könnten, wenn die Menschen nur diesem einfachen Ratschlag folgen würden. Ich nenne diese Unterweisung »Die vier Wege der Weisen«, denn weise Menschen wissen, auf wen und auf was sie sich verlassen können und vermeiden so viele Fallen des nachlässigen Denkens.

Diese Unterweisung besteht aus vier einfachen Maximen:

- Stütze dich auf die Lehre und nicht auf den Lehrer
- Stütze dich auf die Bedeutung und nicht auf die Worte
- Stütze dich auf die Tiefe und nicht auf die Oberfläche
- Stütze dich auf Weisheit und nicht auf Konzepte

1.
Stütze dich auf die Lehre und nicht auf den Lehrer.

Wir sind oft von Rednern beeindruckt, die uns mit ihrem Charisma blenden. Machtvolle Persönlichkeiten können in ihren Zuhörern starke Emotionen hervorrufen. Redner oder Lehrer, die unterhaltsam, provozierend oder gewinnend sind, können uns zum Handeln motivieren. Heutzutage scheint es, dass der Lehrer ein unterhaltsamer Redner sein muss, um überhaupt irgendwelche Schüler zu haben.

Dies kann Probleme verursachen. Es ist notwendig, sich der charismatischen Führer zu erinnern, die viele Menschen in großes Leid gestürzt haben. Erscheinungen können irreführend sein. Charisma sagt uns nicht, ob das Wissen der Person richtig ist oder nicht. Wählen Sie einen spirituellen Lehrer so sorgfältig aus, wie Sie einen Chirurgen wählen würden. Ihr Leben hängt vom Geschick des Chirurgen ab. Und etwas unendlich Wichtigeres hängt vom Geschick des spirituellen Lehrers ab.

Natürlich spüren viele Leute, die am Buddhismus interessiert sind, noch nicht die Bereitschaft, eine persönliche Beziehung zu einem persönlichen Lehrer zu unterhalten. Vielleicht ist es für sie ausreichend, die Dharmabücher von verschiedenen Lehrern zu lesen. Zu Beginn ist es hilfreich, sich zu informieren. Aber wenn wir wollen, dass unsere Praxis jenseits des Oberflächlichen führt und wir wirkliche Fortschritte machen, dann müssen wir an einem bestimmten Punkt einen Lehrer finden. Ich rate Ihnen, bei der Wahl eines Dharmalehrers genauso sorgfältig zu sein, wie bei der Wahl eines Krebschirurgen. Bevor man sich einem Lehrer anschließt, sollte man ihn untersuchen. Suchen Sie zuerst mehrere Lehrer auf. Dann wählen Sie einen für sich aus, indem Sie sich auf die wichtigsten Kriterien stützen, nämlich: Geschick in der Unterweisung, meditatives Gewahrsein und Kenntnis des Dharma.

Traditionell gibt es Lehrer der buddhistischen Philosophie und Lehrer der Meditation. Natürlich ist es in beiden Bereichen nicht leicht, einen wirklich qualifizierten Lehrer zu finden. Doch Lehrer, die in Meditation geübt sind, sind noch schwieriger zu finden als Lehrer, die eine gute akademische Kenntnis der Philosophie besitzen. Lehrer der Philosophie mögen die Grundlagen der Meditation unterrichten können, fortgeschrittenere Übungen jedoch können nur von jemandem gelehrt werden, der selbst ziemlich fortgeschritten auf dem buddhistischen Weg ist.

Buddhistische Lehrer sollten die Lehre des Buddha unterrichten, nicht ihre eigene Lehre. Deshalb ist es hilfreich, etwas über die Lehre des Buddha zu wissen. Lesen Sie Bücher über den historischen Buddha und andere große Lehrer der Vergangenheit wie die Schüler des Buddha und tibetische Meister wie Milarepa. Dies wird ihnen helfen zu beurteilen, ob ein Lehrer wirklich den echten Dharma übermittelt.

2.

Stützt euch auf die Bedeutung und nicht auf die Worte

Menschen lieben es, schönen Worten zu folgen. Beeindruckende Sprache kann sehr überzeugend wirken. Ausdruck kann ein geschicktes Mittel sein, um die Bedeutung klar heraus zu arbeiten, oder es kann auch helfen, etwas schöner darzustellen, wie es in Gedichten oder Liedern der Fall ist. Aber Worte können auch benutzt werden, um die Zuhörer zu beeindrucken und ihnen vorzuführen, wie gebildet man ist und wie gut in Erzählstil und Redewendung. Aber die Bedeutung ist das wichtigste, es sollte die richtige Bedeutung übertragen werden.

Was ist die richtige Bedeutung in der spirituellen Unterweisung? Zum ersten muss eine Unterweisung, damit sie richtig ist, Nutzen bringen. Zweitens muss sie die Wahrheit darlegen. Wenn diese beiden Kriterien zusammenkommen, dann ist die Wahl der Worte weniger wichtig. Aber guter Ausdruck kann die Unterweisungen leichter verständlich und interessanter machen, also ist er nützlich. Benützt man jedoch guten Ausdruck, um Lügen zu erzählen, dann hat guter Ausdruck nicht nur keinen Wert, sondern richtet tatsächlich Schaden an, weil man Menschen zu schädlichen Ansichten und Irrtümern verführen kann.

Hier ist ein Beispiel. Die Legende sagt, dass es einst einen gelehrten Brahmanen gab, der eine sehr schöne Frau hatte. Als er schon hochbetagt war, wurde der Brahmane krank und wusste, dass er bald sterben würde. Er war ein sehr eifersüchtiger Mann und wurde von Entsetzen geschüttelt, wenn er daran dachte, dass nach seinem Tode ein anderer Mann seine Frau heiraten könnte. Da er ein Gelehrter war und auch sehr entschlossen, dies zu verhindern, tat er etwas sehr Extremes. Er sammelte all seine Kraft und schrieb ein Anleitungsbuch, um seine Frau zu überzeugen, bei der Verbrennung seiner Leiche ins Feuer zu springen. In diesem Buch schrieb der Brahmane, dass sein Körper, wenn er dem Gott Shiva dargebracht wird, von einem brennenden Körper in einen befreiten Körper umgewandelt wird. Er schrieb weiter, dass die Frau eines Brahmanen, da sie ja nicht einfach eine Frau ist, sondern eine Göttin, die teilhat an einer heiligen Vereinigung, ihrem Mann folgen und ebenso wie er befreit werden sollte. Stil und Wortwahl dieses Buches waren perfekt, da der Brahmane ein Meister der Rhetorik war. Tatsächlich, so sagt die Legende, war das Buch so überzeugend, dass die Frau in das Feuer sprang. Und so begann die verhasste Sati Praxis in Indien. Sie war weit verbreitet, bis die Briten sie gesetzlich verboten, aber sie wird bis heute noch an manchen Orten fortgesetzt.

Ausdruck ist wie eine Blume, ein Schmuckstück. Die Bedeutung ist der wahre Körper. Guter Ausdruck ohne Bedeutung ist wie kostbare Juwelen, die einen Leichnam schmücken. Die Kraft der Bedeutung wird übertragen, selbst wenn die Worte nicht so beeindruckend sind. So wie bei einer schönen Frau ihre natürliche Schönheit auch sichtbar ist, wenn sie keinen Schmuck trägt. Geschickter Ausdruck verbunden mit wirklicher Bedeutung sind wie eine schöne Frau, deren natürlicher Reiz durch hübsche Juwelen verstärkt wird.

3.
Stütze dich auf die Tiefe und nicht auf die Oberfläche

Niemand will absichtlich oberflächlich sein, aber viele lassen es zu, dass sie aus Mangel an Vertrauen in ihr eigenes Urteilsvermögen einfach hergebrachte Ideen, Vorurteile und Klischees übernehmen. Gerade in Ihrem spirituellen Leben ist es wichtig, dass Sie jede Unterweisung für sich prüfen. Es gibt keinen Ruf nach blindem Glauben im Buddhismus. Im Gegenteil, man kann auf dem buddhistischen Weg keine Fortschritte machen, wenn man nicht bereit ist, über populäre Ansichten hinauszugehen. Im Buddhismus ist es besonders wichtig, danach zu trachten und unter die Oberfläche zu schauen. Buddha gab Unterweisungen auf verschiedenen Ebenen, abhängig von der Fähigkeit der Zuhörerschaft, je nachdem ob sie aus Anfängern oder fortgeschrittenen Praktizierenden bestand. Doch selbst in den Lehren für Anfänger können hochbefähigte Praktizierende tiefe Botschaften entdecken.

Und mehr noch, damit man überhaupt einen Nutzen aus dem Dharma ziehen kann, muss man fähig sein, tief über ihn nachzudenken. Ich will dies näher erklären. Wenn Sie ein Problem haben, sollten Sie eine dem Problem entsprechende Lösung suchen. Falls das Problem einfach ist, kann man eine schnelle und einfache Lösung finden. Aber wenn Ihr Problem komplex ist, werden Sie ein kraftvolles Heilmittel brauchen. Und wenn Ihr Problem das tiefsitzendste Problem ist, das Menschen oder fühlende Wesen haben können, nämlich das Problem des Leids und der Existenz, dann werden Sie eine tiefgehende Lösung brauchen, das tiefgreifendste verfügbare Heilmittel.

Wenn man nicht unwissend wäre, bräuchte man sich nicht mit Unwissenheit zu befassen. Der Buddhadharma ist ein Wegweiser zur Erleuchtung. Wollen wir die Qualität der Erleuchtung aus dem Stoff unserer alltäglichen Unwissenheit ziehen, müssen wir den Dharma auf jeden Aspekt unserer Unwissenheit anwenden. Auf diese Weise wird die Lösung direkt aus unseren Problemen kommen. Ein berühmter buddhistischer Text von dem alten indischen Philosophen Vasubhandu, der Abhidharmakosha (»Der Schatz des manifesten Dharma«) sagt, wenn man in der Praxis Heilmittel für kleine Probleme findet, wird man möglicherweise auch das größte Problem, die Unwissenheit selbst lösen. Die gröbste Verwirrung kann durch die einfachste Meditation geheilt werden. Man kann zum Beispiel sexuelle Begierde mindern, indem man auf tote Körper meditiert. Doch die subtilste Verwirrung kann nur durch tiefgehendste Weisheit aufgelöst werden. Dafür braucht es den tiefen Vajra-Samadhi, die tiefe, unzerstörbare geistige Sammlung, welche die letzte Stufe meditativer Sammlung vor der Erleuchtung ist. In diesem Samadhi werden auch die letzten feinen Schleier, die am Ende des buddhistischen Weges noch übrig sind, aufgelöst.

Dieser Maxime zu folgen heißt also, dass man sich selber nicht mit oberflächlichem Denken zufrieden gibt und man auch andere ermuntert, die Dinge tiefer zu betrachten.

4.
Stütze dich auf Weisheit und nicht auf Konzepte

Ich werde hier sehr kurz sein. Diese letzte Maxime ist die tiefschürfendste, aber wir können nur sehr wenig darüber sagen.

Sie gilt hauptsächlich für ernsthafte Meditierende. Weisheit zu erlangen bedeutet, die Natur des Geistes zu verwirklichen. Dabei kann man sich nicht auf dualistisches Bewusstsein stützen, sondern muss durchgehen zum nichtdualistischen Geist, den wir Weisheit nennen. Meditierende stützen sich auf den nichtdualistischen Geist und nicht auf den normalen dualistischen Geist. Sie wissen, dass Sprache, Logik und Vernunft begrenzt sind und nicht Zugang zur letztendlichen Wirklichkeit gewähren. Darum messen sie diesen nicht so großes Gewicht bei.

Stützen Sie sich nicht auf den dualistischen oder logischen und konzeptuellen Geist, der illusionär ist, sagt diese Maxime, sondern auf den nichtdualistischen Geist. Schauen Sie tiefer, folgen Sie nicht wie gewöhnlich der Täuschung. Bitte vergessen Sie nicht, dass ganz gleich wie beeindruckend unsere Gedanken auch sind, die letztendliche Wirklichkeit außerhalb ihrer Reichweite ist.

Schlussfolgerung

Dies sind die vier Wege der Weisen. Ist es ein Ausdruck unserer dekadenten Zeit, dass die meisten Leute sich in einer

Weise verhalten, die diesen vier Maximen entgegengesetzt ist? Sie häufen unablässig einen Fehler auf den andern. Die Leute führen sich selbst in die Irre. Dann führt eine Person die andere in die Irre, die wiederum falsches Denken an andere weitergibt, und so wird eine endlose Kette von Irrtümern geschaffen. Bitte, lassen Sie sich nicht von dieser Kette gefangen nehmen. Stützen Sie sich auf diese vier Maximen, und Sie werden die Fesseln der Illusion durchtrennen, so wie der große Bodhisattva Manjushri, der die Vollkommenheit der Weisheit verwirklicht hat, mit seinem Weisheitsschwert die Verdunkelungen abschneidet.

Anmerkungen

1 Die fünf Sinnesorgane sind die fünf Tore, durch die Wahrnehmung möglich ist, aber die Wahrnehmung selber geschieht nicht in den Augen, Ohren, Nase, Zunge und Körper sondern im Geist. Jedes Organ hat ein entsprechendes Bewusstsein, nämlich Seh-, Hör-, Geruchs-, Geschmacks- und Tastbewusstsein. Diese fünf Bewusstseinsarten werden äußerlich genannt, eben weil sie sich auf das beziehen, was im Außen durch die Sinne wahrgenommen wird. Das sechste, das mentale Bewusstsein oder Geist-Bewusstsein wird innerlich genannt, weil in ihm die innere Aufnahme und Verarbeitung des Wahrgenommenen geschieht.

2 Das Wort Dharma hat im Buddhismus vielfältige Bedeutung. Unter anderem: Dharma als kosmische Wahrheit und als Lehre des Buddha, worin die von ihm erkannte universelle Wahrheit ausgedrückt ist; Dharma als ethische Verhaltensnorm sowie im obigen Zusammenhang; Dharma als mentaler Inhalt, als die Vorstellung oder Reflexion eines Objektes im Geist.

3 Diese Bewusstseinsarten werden als fragmentarisch definiert, weil sie nur Bruchstücke, das heißt bestimmte Aspekte oder Ausschnitte der Wirklichkeit erfassen. Die tibetische Bezeichnung dafür ist Namsche, was eine Zusammenziehung von Nampar und Schepa ist. Nam oder

Nampar bedeutet »Aspekt, Teil, Fragment« und Schepa bedeutet »kennen, Erkenntnis, sich etwas bewusst sein«. Der tibetische Begriff Yesche hingegen steht für das zeitlose oder ursprüngliche Gewahrsein, das seit anfangsloser Zeit existiert und frei von allen Makeln die wahre Natur von allem kennt.

4 Auf Sanskrit Alaya Vijnana, wobei Alaya übersetzt Speicher bedeutet und Vijnana Bewusstsein. Dieses Speicherbewusstsein wird auch Allgrund oder Basis von allem genannt.

5 Die fünf Skandhas sind: Form, Empfindung, unterscheidendes Wissen, gestaltende Geistesfaktoren und Bewusstsein.

6 Bardo heißt Zwischenzustand. Hier ist es der Zwischenzustand zwischen Tod und der nächsten Geburt.

Kontakte zu Buddhistischen Zentren sowie zu Zentren des Tibetischen Buddhismus und der Karma Kagyü Tradition in Deutschland, Österreich und der Schweiz finden Sie unter:
www.buddhismus-deutschland.de

Deutsche Buddhistische Union (DBU)
DBU-Geschäftsstelle
Amalienstr. 71
D-80799 München
Tel.: 07 00 - 28 33 42 33
Fax: 0 89 - 28 10 53
E-Mail: kontakt@dharma.de

Österreichische Buddhistische Religionsgesellschaft (ÖBR)
Fleischmarkt 16
A-1010 Wien (Österreich)
Fon: 0043-(0)1-5123719
Web: www.buddhismus-austria.de
E-Mail: office@buddhismus-austria.org

Schweizerische Buddhistische Union (SBU)
Postfach 1809
CH-8021 Zürich (Schweiz)
Fon: 0041-(0)1-46.11.524 (jeweils Dienstag 8–12 Uhr)
Web: www.sbu.net
E-Mail: info@sbu.net

Über die Natur des Geistes

128 Seiten, Qualitäts-
broschur, 14 × 21 cm
€ 14,95 (D) 15,40 (A) SFr 28,50
ISBN 978-3-928554-64-0

Kalu Rinpoche

WIE EIN VOGEL IM WEITEN HIMMEL

Mündliche Unterweisungen eines großen buddhistischen Meisters unserer Zeit

Dieses Buch ist ein Juwel für alle, die nach einer einfachen und zugleich tiefgründigen Einführung in die Natur des Geistes und den Weg der Meditation suchen. Kalu Rinpoche hat diese Unterweisungen anlässlich einem seiner wenigen Deutschlandbesuche 1982 gegeben.

Aus dem Inhalt:

- Das Ziel des Buddhismus
- Die lichtklare, leere Natur des Geistes
- Leuchtende Bewußtheit
- Die unterschiedlichen Potentiale der Erleuchtung
- Das Erwecken des Erleuchtungsgeistes
- Die vier Ebenen der Zuflucht
- Die Praxis der Meditation
- Hindernisse bei der Meditation und ihre Beseitigung
- Die Übertragung der Bodhisattva-Gelübde

Gerne senden wir Ihnen unser Bücherverzeichnis!

www.joy-verlag.de

Joy Verlag GmbH
Hornweg 11, D-87466 Oy-Mittelberg
Tel.: +49 (0) 83 66 - 98 86 10, Fax: +49 (0) 83 66 - 98 41 92
E-Mail: postbox@joy-verlag.de